読む京都

入江敦彦

本の雑誌社

目次

京都の「う」

京都の「と」

読む京都

装丁／帯写真／本文レイアウト　金子哲郎

京都百読～まえがきにかえて～

百聞は一見に如かず。と、いう。

いくら伝聞を集めるよりも実際に自分の目で確かめるに勝るはない。——という、すなわちは実地体験のススメであり、ひいては耳学問を諫める言葉でもある。リアルを知るまでは、どんなにそれらしいことをいっても説得力はないですよ。ってことだ。

でも、ほんとうに？

かなりの分野の学問において、この手の体感主義というかプラグマティズム至上主義——チャールズ・サンダース・パースが提唱した本来の【プラグマティズム】とは若干ニュアンスが異なるが——みたいな考え方がはびこって久しい。もちろん現場百回、靴の裏を擦り減らして調査するのは刑事の、もとい、いや刑事もそうだけれどガクモンする者の基本でもあるのだが。

しかし、あまりにもこの方法論が重用された挙句、なんだか逆に足枷になっていると感じることも昨今は多い。現実に裏打ちされた理論だけが信用に足ると頑なになって、むしろ理論の構築性を損なったケースも散見される。

戦後、個人の欧米旅行が解禁されるや、先取を気取ったアプレゲールが「見聞を広めるため」と称し我も我もと飛び立っていった。が、ほとんどはタッチ・アンド・ゴーで帰ってきた。海外の文化にかぶれた言動が鼻につくそれらの輩に眉を顰めた人々は「なんでぇ、アメリカでしょんべんしてきただけじゃねえか」と彼らを揶揄し、【アメしょん】なる流行語が生まれた。

体験しただけで全て解ったような気になってしまう弊害は昔からあったのだ。ろくな観察眼もないうえ、観察しても分析能力がお粗末なら実地検証に意味はない。ただの【アメしょん】だ。見識も備わっていない感受性の乏しい人間がフィールドワークしたところで心躍る発見もなければ、新たな認識が生まれることもなかろう。現場に行くだけ無駄である。混乱と混沌を招くだけ。

わたしはプラグマティズムを医学における動物実験のようなものだと考えている。絶対に必要な場合もあるだろうが、必要悪でしかないこともあるし、なんの必要性もないシチュエーションだって想定できる。実地を通しての論考を必要最小限に抑えるほうが研究対象のガイドラインをシャープにし、エッジを際立たせてくれることもままある。

アカデミカルな分野で例を引くと内容が偏向する可能性があるので、ここはちょっと違う畑からプラグマティズム至上主義の危険性を具体的に指摘してみよう。たとえば音楽である。

音楽の世界には根強いライブ嗜好がある。あるミュージシャンがいたとして、その人のライブを見ていないやつにはその人の音楽を理解なんかできないし、語る資格もないという考え方だ。ロックやジャズに限らず、クラシックでもそう。もしかしたら主流なのかもしれない。

ライブだからこそ感じられるものがあるのは確かだし、ライブのほうが魅力的なミュージシャンがいるのも事実。だけれど、ライブにおいて聴衆が醸し出す熱気やアトモスフィアは、その人の音楽を考察するときに夾雑物《きょうざつぶつ》になってしまうとは考えられないだろうか？あるいはミュージシャン自身もライブゆえに普段とは異なる音楽を発信することがある。それが本来よりも聴き手を感動させるものであったとしても、では、それを基準にそのミュージシャンの本質を論じていいかといったら、それはそれでちょっとおかしい気もする。

グレン・グールドのように完璧な演奏をレコーディングすることに専念し、ライブを排し（否定し、ではない）た音楽家だっている。「ライブでなきゃダメ」っていうご仁はグールドにも言うんだろうか？「あなたグールドの音楽をちっともわかってないなー」って。近頃はアイドルに向かってさえ矢鱈と生歌！生歌！と喧しい聴衆がいるのは滑稽でしかない。オペラ歌手のアリアじゃないのよ？　アイドルよ？　わたしは歌劇も歌謡曲もどちらも好きだし上下をつけるつもりもないのだけれど、いったいアイドルが生歌であることに何の価値があるのだろう？　ましてやＴＶで生歌を要求する意味が全然解らない。

アイドルというのは宝塚の男役同様に特殊な【芸】である。歌唱力は低くても思春期の少年少女のみが持ち得る〝時分の花〟の美しさと、リリックの表現力があればいいじゃないか。

プラグマティズムというのは結局、観る目、聴く耳、アナリスティックな知性、解釈する論理性、プラス必要な情報だけを取捨選択できるリテラシーがあって初めて機能するとても難易度の高い方法論なのだ。限られた状況や時間の中で感情的にならずに情報を取り込んでゆくのは並大抵の業ではない。

百聞は一見に如かず。という言葉は、もはや相手を「お前は実際にその場で見てない（聴いてない）（食べてない）（感じてない）から把握しているわけがない」と相対する相手を論難するための台詞でしかないのが実際ではなかろうか。もしくは、ただの優越感のあらわれ。

プラグマティズム至上主義の弊害が最も顕著な分野に社会学、文化人類学がある。それが必須であるがゆえ問題も多いのだ。とりわけ【都市論】というのは、もう、なにがなんでも実体験あるのみ！　みたいな感じになっている。まさに百聞は一見に如かずの本陣だ。だからこそ問う。でも、ほんとうに？

よしんば百聞が束になっても一見に敵わなくとも、百読ならばどうだろうか？　もしかしたら百冊の本、京都について書かれた百の名著を丁寧に読みこなすことは、通り一遍のご見物衆よりもずっと深く、この都市にアプローチし得るのではなかろうか。

もちろん住んでみなければ発見できないことはある。何度も足を運ぶごとに目から落ちる鱗もある。だが京都くらい多面的な都市はそうあるものではない。並大抵のプラグマティズムは通用しないのだ。玉虫色を何色かカラーチャート的に規定できないようなものだ。

ただ京都の場合、問題は百冊ではなく千冊、万冊の書籍があるってことだ。千冊の中から、どこを百読するか査定するのが難しい。しかもかなりの割合で粗製乱造された本も混じっている。百読どころか百毒である。

それこそ文書資料を仔細に当ることなく（文章を読む限り、そう判断せざるを得ない）京都に住むという【経験】に頼り切って京都案内を出版しているアメしょん作家の本などが百毒の典型。プラグマティズムの茶毒《とどく》の最たるもの。なんていうか百聞をまとめただけの本になっちゃってるのよ（笑）。

　そういえば、ここでは誰とは申さねど「例のアメしょん先生のツイッターが愉快でっせ」とイケズな京都出身翻訳家の友人が耳打ちしてくれたので、どれどれと覗いてみたら自己紹介にこんなことが書かれていた。

「町家暮らしを経て、ロンドン暮らし少しを経験、中途半端に帰国。現在、水辺の小屋をセルフリノベ中」

　あらあら、まあまあ、あないに京都にメロメロやったのに、いまは滋賀にお住まいであらしゃりますか。ほんまに卦体《けったい》なお方やこと。

「京都は19年もいたので、もう充分。というか、長過ぎた。慣れてしまった。慣れたら、終わり。町家暮らしはもうしないと、家を引き払うときにはもう決めていました」

　わたしは京に生まれ育って半世紀以上この都市を知っているし、知ろうとしているし、知ってもらいたくて何冊も京都本を上梓してきた。が、いまだに慣れないし、解らないし、それでもなお、いや、だからこそ比興満々だと感じるし、深層を観取したいと思う。そしてまた、だからこそこれからも京都本を書き続けてゆきたいと願うのだが。

　この先生の書いた本そのものの論評は本文で念入りに行うけれど、こんなことを平気で口に出せる人が、のうのうと、しゃあしゃあと未だに相変わらずの偽京都本を水辺の小屋で書いて上梓されているのだから、いいかげん京を利用するのはやめていただけないだろうか。水辺本を書きゃあいいのにね。

京都人は京都に愛がある。もちろん地元に愛着があるのは京都人に限らない。けれど、自分の住んでいる土地に庇護意識をここまで持っている住人が多い都市はかなり珍しいのではないか。

中華思想ではあるが忠誠心ではない。碁盤の目から離れられない執着とも違う。京都人ほど平気で京都の悪口をいうし、お上にも逆らうし、『京都ぎらい』なんて本も書いちゃう。だけれども、どんなにエライエライ先生でもアメしょん作家でも、その目的が金でも名誉でも自己承認欲求でも「京都を利用してやろう」という性根がちらとでも覗くと、とたんに牙を剥く性質があるのだ。それが京都人の責任感の表れである。

アメしょん作家と似たような事例にキョートトランド問題がある。

一七年一〇月二〇日の毎日新聞の大阪版夕刊に掲載された澤木政輝の連載『憂楽帳』にそれは詳しい。ウェブサイトにもまだ残っているのでぜひご一読いただきたい。それは近頃、洛中のメインストリームでもあるような祇園界隈や四条通りに忽然と出現する見せかけだけが古めかしい店舗群についての考察である。

他府県の会社や企業が屋号を変え、おそらく嘘ではないのだろうが「〇〇年間創業」や

「××代目」の看板を掲げ、あたかも京都創業であるかのごとく老舗の擬態で商売をする店が居並ぶ風景を、「まるで巨大テーマパーク『キョートランド』のようだ」と友人が眉を顰めた——と澤木は記す。

曰く、空前の京都ブームによって京都市の観光客数は一五年、過去最高の五千六百八十四万人を記録。メイド・イン・チャイナの貸着物を身にまとった男女が四季を問わず、食べ物をかじりながら街を闊歩する。——と。そして、その結果、市場競争に負けて家族経営の古い店が、次々と廃業していることを嘆く。

アメしょん京都本を読んで憧れを募らせた人たちがキョートランドに大挙してやってきて景観を『ブレードランナー』、ならばまだしも『メモワール・オブ・ア・ゲイシャ』のような世界に変質させ、他府県や中国の企業に利潤を流し、間接的に地場産業へダメージを与える……そんなデフレスパイラルが渦を巻くのが現代の京であるように見える。

また行政も平気でカタストロフに手を貸すようなことばかりしているのよね。『ONE PIECE』はいい漫画だと思うのよ。読んだことないしよう知らんけど。あれとコラボしてなにがしたいの？　お見事なまでに解っていない。

話を持ち込んできたのはどっかの広告代理店なんだろうけど、二次元メディアと連携して一番美味しい聖地巡り御一行様もワンピでは期待できないし、そもそも海賊の話なんでしょ？　市内に海ないんですけど？　やんにゃったら丹後の宮津でやったらええやん。縞のお財布が空になるまでやりなはれ。

だからこそ百読に意味がある。京都本百読は、そういった流れに抗う数少ない方法論だとわたしは信じている。ここ数年の伊藤若冲ブームから長谷川等伯、一七年の国宝展と続いたアートブームや京都国立博物館の大盛況ぶりなどを見渡しても、知的アプローチがいかに上洛のモチベとなるかは証明されている。

行政は「産めよ増やせよ」的に観光客を集めようと躍起。有名社寺のライトアップや秘仏公開を寺院に要請している。だが、そんな客寄せパンダ目当てより、みうらじゅん、いとうせいこうの名著『見仏記』を読んで普通に御開帳されている仏像を拝みにやってくる人たちのほうがよほどこの都市を涵養してくれる。彼らはキョートランドに興味はないし、それらを避けるアンテナもある。

百読。それはアメしょんの百毒を避け、行政の頓珍漢な企画に惑わされず、京都の真の魅力に触れていただくための冴えたやりかた。百読後——実際には十冊でもいいんだけど、ともかくも活字の京都を歩いたあとで上洛すると景観の語る意味が見えてくる。風物の、芸術の、味覚の言葉が読めるようになってくる。

それらの本はもちろん観光案内に限らない。むしろフィクションやよくできた小説のほうが鮮やかに京都を照らし出しもする。「講釈師見てきたような嘘をつき」というけれど、ここは虚と実の間《あわい》が曖昧で、しばしば入れ替わったりもする都市だ。芸のある嘘のほうがなんぼかガイドよりリアルだったりする。

本書を捲っていただけば京都に興味のある人たちが手に取るべき百読が必ずや発見できる。一冊一冊ではいかな名著であれ怪物のごとき身体を持った千年の古都の、その一部を照射するにすぎない。が、それらを複合的に熟読してゆけば必ずやなんらかの像を結ぶ。ひとりひとり見えている像は異なるけれど、それが〝あなたの京都〟なのである。

京都の「きょ」

【イケズ】の起源

京都人が「先《せん》ど（こないだ）の戦争」といったら、第二次世界大戦でなく応仁の乱を指す――という冗談がある。彼ら自身、自虐気味に口にするので、みんな冗談だと思っているが実は胸中「いや、ホンマやけどな」と北叟笑《ほくそえ》んでいる。実際、足利義政の継嗣争いは米軍より甚大な被害を京に及ぼした。

わたしは日本の古典文学研究を繙くたびに常々「どうして、これらには〝京都人が著した書物である〟という視点が欠落しているのであろう」と考えていた。徳川幕府時代に書かれたものは何れも執拗に江戸＝東京というキーワードで読み解こうとするのに、それ以前の作品は大雑把に「古典」扱い。平安＝京都の視点で考察されることは少ない。

『桃尻語訳枕草子』に始まる橋本治の古典現代語訳はみごとな仕事だ。が、それらでさえも書き手の重要な個性である【京都人的なるもの】にはさほど頓着していない。わたしは『源氏物語』にしても『枕草子』にしても『土佐日記』や『竹取物語』にしても、筆者が京都人だったからこそ、京都という特殊な環境だからこそ出現し得たのだと思うのだが。

バーレスクに満ちた『源氏物語』の諷刺精神やクリティシズム、既存の価値観をひっくり返して見せた『枕草子』の諧謔性は、現代においても京都人のスピリッツ。心理的礎石である。『土佐日記』に横溢する〝個〟の意識や『竹取物語』のアレゴリカルな世界観や幻視性もまた生粋の京都人がこんにちまで持ち続けている独自の視点といえよう。

そして、なによりいずれの書物にも共通するのが通念打破や権威批判といったタブーを万華鏡のごとき修辞と数々の言語テクニック、暗喩や逆説を弄して言語化してしまうアイロニーとシニシズム……すなわち【イケズ】の御業。

根本的にいまの京都人が駆使するイケズは、平安時代すでに完成している。なにも長々と例を挙げるまでもない。『紫式部日記』一冊読めばいい。そこには現代でも碁盤目上を流通する典型的イケズがみんな網羅されちゃってるから。

京都というのはミヤコ＝都市である。乾いた山際に帰化人の集落が点在するほかは、なーんにもなかった湿地帯を整地して最初から都市として造形された特殊な場所だ。京都には田舎だった時代がない。つまりは歴史がない。歴史がないということはアイデンティティがない。だとすれば京都人たちがすべきことはたったひとつ。それを創造することである。

『紫式部日記　現代語訳付き』
山本淳子訳注、角川ソフィア文庫

むろん京都人はいつでも上から目線だったのではない。都市造営のお手本でもあり当時ははるかに上位の文化を擁していた大陸の唐王朝から渡来した芸術、技術、哲学、美学はいつでも彼らのロールモデルだった。が、それらを有り難がっているだけでは、いつまでたっても京都はパチもんの長安でしかない。

唐代の文学といえば、まずは漢詩。平安京でもそれらを学ぶことは貴族の大切な教養であった。白居易を頂点に、李白や杜甫など多くの漢詩が愛され暗唱された。けれど、いくら勉強したところで彼らが四傑や八大家になれるわけではない。平安時代、物語だけでなく随筆や日記など、日本が独自の文学を発達させたのは漢詩を凌駕するエクリチュールの成立によって民族としてのオリジナリティ獲得を目指したからではなかったか。

平安時代の京都人によって書かれ、あるいは編纂され、広く読まれた書物というのは、これ、すべてアイデンティティ確立のための手段である。江戸時代の源氏物語ヲタである国学者、本居宣長が唱えた【和意《やまとごころ》】というやつだ。

それは唐の価値観【漢意《からごころ》】のアンチテーゼ。京都人たちはイケズを撒き散らしながら和意をぼこぼこ勃興させたのだった。仮名文字による記述作品の流行はそれが端的に表れたものである。

ときに人は日本初の小説が女性の筆によって書かれたことに驚くけれど、公式文書がすべて漢文だった時代、日本人による日本語の文学は仮名遣いを許された女流である必要があったわけだ。

源氏に先んじて紀貫之が『土佐日記』の冒頭でネカマとなって「男もすなる日記といふものを、女もしてみむ」と宣言したのも同じ理由。単なるギミックではない。それは「仮名で書くよ」という渙発《かんぱつ》であり、土佐から京都への還御が、漢文（漢意）の世界から仮名（和意）の世界への移行という〝平安朝の気分〟とオーバーラップしているからだ。

紫式部が件の日記においてほぼ名指しで清少納言を「ロクに理解してないくせに漢詩の知識をひけらかしたりして恥ずかしい女。意識高い系ってやつ？　さぶっ！」と批判しているのは嫌味だけではない。和意を敷衍《ふえん》すべきときに、その一端を担う人間が漢意を振り回すことへの牽制という側面もあったろう。

王朝文壇が取り組んだオリジナリティ獲得の手段は多岐に亘る。仮名文字による和意コンストラクションとともに双璧のタスクとされていたのが京都と地方との峻厳な隔絶だ。当時の平安京は国土の上に置かれた一ひらの紙のような存在。地方から吹き寄せる風に攫《さら》われる前に、この都市を世界の中心に固定する文鎮を置く作業が急務であった。

その役割を果たしたのが短歌。天皇の勅令を得て編まれた勅撰和歌集である。とりわけ『古今和歌集』に始まる平安期の八代集（正確には『千載和歌集』と『新古今和歌集』の完成は鎌倉時代だが、下命は其々後白河、後鳥羽の平安期上皇である）にそれは顕著だ。

勅撰和歌集の存在意義はいうまでもなく「公式な日本の美（学）の定義」。『古今和歌集』の「やまうたは人の心をたねとしてよろづのことのはとぞなれりける」なる仮名序から、日本最古の歌集である『万葉集』を我々の情緒の源泉と見る傾向があるが、詳細に八代集を繰ると、そこには万葉集的詩情に裏打ちされた和歌が極めて僅かだと気づく。

なぜか？　方言で書かれた短歌まで混じっちゃってる万葉集は田舎歌だからだ。田舎歌といってダメなら「原日本的」な情感だと言い換えてもいい。

いずれにせよそれらは京都人にとって自分たちのオリジナリティを脅かす〝外〟の文化であることに変わりはない。できたてほやほやの京を揺るぎないミヤコにするためには、むしろ漢意と雁首揃えて否定すべき価値観だったわけだ。たとえ万葉歌が大多数の日本人の心を打つ美しさを湛えていたとしても。だ。

地方人の詠む歌、万葉的センチメンタリズムへの嫌悪や偏見は前述の『土佐日記』などにも皮肉たっぷりに記されている。しばしば京都人は、その中華思想を揶揄される。しかし彼らは田舎を蔑んでいるのではない。厳密に区別せねば自我が危うくなるので都に縋《すが》るのである。

京都人たちは和意と漢意以上に、ミヤコと地方を分別し、その都市デザインよろしく王城を囲い込もうとしていた。八代集に記載された和歌の数々はそのための呪術的装置だ。「先の大戦」同様、京都人がいまだに京都を日本の首都だと深層心理で認識している原因は、この装置が猶々作動しているからなのだった。

京都の優位性を聢《しか》とする作業を四百年間続けた結果、九州に左遷させられただけで怨霊化するほど京都人はミヤコに依存するようになる。やがて学問の神様に祀られるほど頭脳明晰な菅原道真にしてそうなんだから況《いわん》や一般人をや。王朝文学は功罪糾《あざな》える文化やもしれぬ。

この時代も末期になると殿上人っぽくない軍記の類が好まれるようになってくる。けれど改めて（大岡昇平版ではない）『将門記』や『陸奥話記』などを読むと、やはりそれらはまだ強烈に京風だ。

とりわけ前者、のちに武士の元祖に祭り上げられ、江戸の霊的守護神に設定され、近年はNHK大河『風と雲と虹と』ブームで〝民衆のヒーロー〟となった将門だが、本書はあくまでカルト信仰に憑かれた朝敵の成敗譚になっている。いかに将門がアカ

『新訂 将門記』
林陸朗校注、現代思潮社古典文庫

ンかったかが理路整然と述べられ取りつく島もない。

平安期作品としては忘れられがちだが京都人的思考を知る絶好のテクストである。より広く読まれるべきだろう。

〝第四の新人〟たち

「京都では、先の大戦といえば応仁の乱を指す」という話をしたが、京都人のこの感覚の発露にはもうひとつ心理的なバックグラウンドがある。王朝期に生まれ育まれた価値観は彼らの自我の温床ではあるが、それでもさすがに平安は遠い時代であり、おじいちゃんのおじいちゃんの時代の話くらいのリアリティしかない。のだけれど、鎌倉になるともはや身の回りにけっこうあったりするので、すでに地続き感があるのだ。

わたしが縁の下に潜り込んだりして子供のころ根城にしていた『千本釈迦堂』なんかも安貞元年（一二二七年）の上棟。小学校の通学路には山名宗全邸宅跡碑があったし、そもそも西陣という地名からして応仁の乱にちなんだものだ。こういう原体験を持つと東京で去年なにがあったとかアメリカで先月なにがあったとかより八百年前に京都でどんなことが起こったかのほうが重要に思えてくる。

というわけで当然のように文学においても同様の心理的時間軸地殻変動が起こっているのが中世に著された作品群。平安期のものが京都人のアイデンティティを構築しているとしたら、中世文学は彼らの思考スタイルを規定し、行動様式を支配しているといってもいい。

でもさ、エラそうに京都京都っていうけどサ、鎌倉時代って鎌倉に幕府があったんでしょ？てな意見を持たれる方もおられよう。ならば訊きたい。鎌倉時代にひとつでも後世に残る鎌倉ベースの文芸があるだろうか。鎌倉在住の書き手がいただろうか。都から鎌倉に落ちた京都人、阿仏尼の観察記録『十六夜日記』があるだけではないか。日本の中心を移したのに、なにげに百五十年も続いたのに、なーんにもない。すっからかん。この事実が全てを物語っている。

この時代の文芸といえば、まず西行の『山家集』、鴨長明の『方丈記』。そして吉田兼好の『徒然草』などの随想集。これらの流行は民衆がオピニオンリーダーを求め始めたことに起因している。価値観の多様化というより平安という揺るぎない価値観がまさかの崩壊を迎えたため、さすがの現実主義者たちもなんらかの拠り所が欲しかったのではないか。

なぜ彼らがオピニオンリーダー足り得たかというと出家というプロセスを経ているからだ。現世を捨てた隠遁者だけが現世に物言いを付けられるシステムは朝廷が絶対でなくなったがゆえに完成した。ほかにも仙覚の『仙覚抄』や無住道暁の『沙石集』など傑作がたくさんある。

ちなみに彼らのエッセイが愛されたのは優れた宗教者への敬意というより、むしろ世俗の僧侶たちとの間に一線を画していたからだったりする。

この時代、単純に坊主は国民的アイドルであった。寺院はかつてのように敷居の高い聖域ではなくなり、ついには会いに行けるアイドルになった。厳しい修行も仏典読解も必要ない。みんなー！　一緒に南無阿弥陀仏しよーっ！　が仏教のコンセプトとなった。洛中のあちこちに念仏道場が建立され繁盛した。冒頭の『千本釈迦堂』もそのひとつである。

ドルヲタが握手会に群がるのと完全に同じ動機で大衆は人気坊主の念仏会《ライブ》に押し掛け、Ｍｉｘを打つ（曲に合わせた掛け声を叫ぶ）ように読経唱和した。宗派、寺院ごとに牽制しあう浅ましさはヲタとアンチのそれと完全一致。隠遁系随筆家たちは、そんな世相を諷刺たっぷりに活写してみせた。

『新版　徒然草　現代語訳付き』
小川剛生訳注、角川ソフィア文庫

吉田兼好の『徒然草』が中世文芸史にあって突出したポピュラリティを誇るのは、人間の普遍的な愚かさにストレートにアプローチして、表現もまた歯に衣着せぬ調子だったからだろう。京都には「差し引きすれば仏様に貸しがある」という諺がある。寄進と功徳の関係を冷静に見つめた言葉だ。こうした批評眼や距離感はこの時代に培われたのであろう。

随筆とともに鎌倉、室町を席巻したのが軍記。こちらも一見、武士の台頭を象徴するような気がするけれど、トンでもない誤謬である。サムライ連中が文化的素養を獲得するのは、もっとずっとあとになってから。鎌倉という都市が京都の模倣を除いては文化的に空虚だった事実が証明するように軍記という新たなる娯楽を完成させたのもまた京都人であった。

日本人なら誰もが枕を暗唱できるだろう『平家物語』を始め、わたしも網羅したわけではないが『保元物語』、『太平記』、『平治物語』、『曽我物語』等々多彩な物語群が出現した。そして、その何れもが作者未詳である。

そう。中世は出家僧という書き手に注目が集まると同時にたくさんの名無し作家が登場した時代だ。貴族でも武士でも坊主でもない第四の新人たち。どうして軍記を手掛ける彼らには個人名がないのか。祇園精舎の鐘の声に始まる、日本文学史上最も遍く知られた序文を、誰でもない誰かが書いちゃうなんてアリか？

これは当時の軍記がいかにして愉しまれたかを考えればすぐに解る。

『平家物語』が琵琶法師たちの語りによって広まっていったのはよく知られているけれど、中世の軍記はみな似たような演劇的娯楽として社会に浸透していった。ご存知のように、そのほとんどの琵琶法師は盲目だ。そもそも視覚のみならず障碍者たちの救済策として彼らは軍記を語る技術を朝廷主導で教わった。

彼らは正式な仏徒ではない。僧形はある種の制服。コスチューム。ならば個人名などなくとも、なんら不思議はなかろう。さらに付け加えれば、かの平家序文は何百人という琵琶法師によって微妙にアレンジされ、言葉が足され引かれ置き換えられて、いつしか現在の形に納まった、いわば共同創作物。これも軍記作者に名前がない原因のひとつだ。

日本のプロ作家の始祖は対価を版元に要求した滝沢馬琴とされているけれど、数多の名無し琵琶法師たちこそが原型ではないかとわたしは考えている。

軍記というと勇ましいイメージがある。また、それらをベースに近世以降作られた芝居やドラマは、血湧き肉躍る戦闘シーンが見せ場となったがゆえ現代人は武士の物語として捉えがちだ。しかしそいつは大間違い。もし軍記がそれこそ鎌倉発だったならさもありなんだけれど、あくまで京都原産だと忘れてはいけない。

琵琶法師の坊主コスプレからも明白なように、本来の軍記と、その語りは鎮魂をこそ目的としている。神道の祭で神々に歌舞音曲が奉納されるように、死せる魂に娯楽を提供して慰撫せんとするは日本人にとって極めて自然な行為。この場合、流された涙の数だけ死者は癒される理屈だから琵琶法師は訓練されたプロでなければならなかったのだ。

重要だから繰り返す。琵琶法師養成を発案したのは天皇だった。しばしば京の貴族は「人々を虫ケラのように見下す」連中として描写される。けどさ、鎮魂という発想すらなかったサムライジャパン鎌倉幕府と、統治者には戦争の犠牲者を弔う義務があると考えた朝廷、いったいどちらが庶民を虫扱いしてるだろうか？　中世軍記を繙くと、そのあたりがよーく理解できる。脚色の少ない原典に近いものが、もっと読まれるべきだろう。

『今昔物語』
福永武彦訳、ちくま文庫

　さて、中世京都人が熱狂した文芸ジャンルがもうひとつある。平安末期の『今昔物語』をルーツとする説話集がそれだ。特権階級のための特別な〝お愉しみ〟だったストーリーテリングは鶏と卵の関係で和漢混交文という肉体を備え、読む歓びは民草にも流布した。そのときにチョイスされたのが一本一本が短く、なにより難解でない説話文学だったわけ。

　当時は、これらを軒づけして回る芸人（こちらは僧形とは限らなかった）もかなりいたようである。分類上は異なるジャンルだけれど形式的には似た『御伽草子』が、やはりこの時代を代表する文芸として登場した契機は近いものがあるだろう。たぶん『徒然草』ブームも共通する要因が働いたと見ていいのではないか。兼好の書いた文章には語ってこそ味わいが滲む随想が少なくない。

　ともあれ様々な説話集が碁盤の目を賑わせた。教訓を噛んで含めるような格調高いものもあれば、王朝スキャンダル秘話みたいなのもある。仏教や神道のステマまがいの内容もあるかと思えば、世にも奇妙な物語風のオムニバスもある。軍記とは異なり作者がしっかり判明している本も珍しくない。貴族もいれば坊主も隠遁者もいる。

『宇治拾遺物語』を頂点に、源顕兼の『古事談』、あと作者未詳の『神道集』なんかが個人的には好きだけれど橘成季の『著聞集』や『撰集抄』、慶政の『閑居友』など名作には事欠かない。多種多様でありながら通底するセンス・オブ・ワンダーが中世京都の気分をいまに伝えている。

江戸の〝京ブーム〟

京都の文芸は死んだ。鎌倉と室町、時代のあわい、無名の某かによって残された日本文学史上に燦然と輝く諷刺表現『二条河原の落書』を最後に、この都市から新たなエクリチュールは生まれてこなくなった。あくまで穿った私見だが、おそらくこのサテリズムを愉しめるだけの知性を備えてしまった市井の人々はもはや【作家】を必要としなくなってしまったのではないか。

それは今日びの若い年代が本を読まなくなってしまった現象にも似ている。大衆はネットにあふれる【名無しさん】の与えてくれる言葉の刺激ですっかり満足してしまった。そんな状況からは、せいぜい人気ブロガーになりたい、ツイッターで四桁フォロワーを擁したいと希求するような書き手しかでてこないのも道理だ。

かくして京都人はクリエイティヴィティの発露を【名無しさん】という気楽な立場に押し込

め、内輪で膾炙するだけになってしまった。現代でも一般的に京都人が、そこらへんのおっちゃんおばちゃん、子供ですらも日常会話において修辞のテクニックを駆使しちゃったりするのは、「半年ROMってろ」どころか、ここ七百年近くROMってきた成果なのである。

南北朝、応仁の乱、戦国時代のすったもんだを経て太平の江戸期に至ると、それでも洛中にもかすかに文芸復興の香りが漂い始める。十七世紀半ばには四条河原や北野天満宮境内を舞台に僧侶であった露の五郎兵衛によって落語の原型「辻咄」が誕生。また松永貞徳や松江重頼などによって俳諧のムーブメントも起こっている。

けれど京落語はたちまち上方落語として大坂に吸収された。西山宗因の登場により京連歌は廃れ、やがて松尾芭蕉の風狂に取って代わられるまでにさほどの時間はかからなかった。

いずれにせよ、この時代の文芸の主流は江戸の曲亭馬琴、鶴屋南北、式亭三馬であり、京都ではなくあくまで大坂を中心とした上方の井原西鶴、近松門左衛門、上田秋成であった。上田の『雨月物語』の幻想性は一見京都的ではあるが、古典を材に採っているからそれらしいだけ。実は上方文芸は江戸もの以上に京都的な価値観から遠い世界を綴っている。

では、もう京都はひたすら文化的に空洞化してゆくだけだったかというと全然そんなことなかった。「死んだ」んじゃなかったの？　と言われれば確かに京都において京都の文芸は死に体であった。が、江戸ではゾンビどころか現役バリバリ。初期の江戸ってのは、もー、京都になりたくて仕方ない、明日は京になろう、明日は京になろうという〝あすなろ京〟であった。日本の中心になってみてようやく江戸は首都たるもの文化的なアイデンティティがなければ骨なしクラゲのような頼りない存在でしかあり得ないと気づく。ちょうど平安京が仮名文字作品で和意を擁立しようとしたように、江戸もまた〝おらが村のブンガク〟獲得を急務とした。けれどそれには当然ながらそれなりの熟成時間が要る。

事実、一六〇三年に幕府が置かれてから馬琴や三馬が登場するまでに二百年もかかっている。対するに西鶴も近松も八十年そこそこ。この時差は大坂が京の文化圏であり、つけ加えれば応仁の乱で多くの殿上人難民を受け入れ彼らの文化に馴染んでおり、文芸が発芽するだけの土壌がもはや整っていたから以外に説明がつかない。

さて、そこで起こったのが江戸における京都ルネッサンスであった。

あらゆる平安～鎌倉期の古典が読みやすい現代語版となって再出版され、これが一大ブームとなったのだ。家康が終生嫌った京都的価値観の輸入が江戸に独自性を育てる温床になったのだから、あらあら、まあまあ、栄誉やこと。おほほほほ。

吉田兼好の『徒然草』も解説本含めかなりの数が編み直されて八百八町に遍く広まったが、とりわけ愛されたのは間違いなく『源氏物語』。はっきりいって江戸なる時代は始めから終わりまで源氏とはなにか?を自問自答し続けていたといえる。北村季吟の『源氏物語湖月抄』から、賀茂真淵『源氏物語新釈』、萩原広道『源氏物語評釈』まで注釈・解説本が目白押しだ。

江戸の源氏研究というと件の和意を唱えた国学者、本居宣長。この人の『源氏物語年紀考』『紫文要領』があまりに突出しており、彼一人のエポックメイキングっぽいけれど実際は江戸時代全体を覆っていた空気の中で育まれた業績である。

それらは王朝ロマンを愉しむための手引きではない。甚大な影響力を持つ中国の文化から日本のオリジナリティを解放した『源氏物語』をより深く解釈し知悉することが、やがては唐渡りの儒教や仏教思想から日本を解放する——即ち国学の本懐を導く——潮流となるであろう……宣長はじめ憂国の学者たちはかく考えた。

江戸といえばサムライの世界で、サムライの価値観が幅を利かせていたように誰もが思うけれど、内実は国の中枢としての求心力を備えるために京都を学び直していたという逆説的現象は本当に面白い。むろんそんなかで江戸前の粋も成立してゆくわけだが、裕福層の子女は挙《こぞ》って京言葉を学び京友禅を着て京風の作法を身に付けるのがデフォであった。

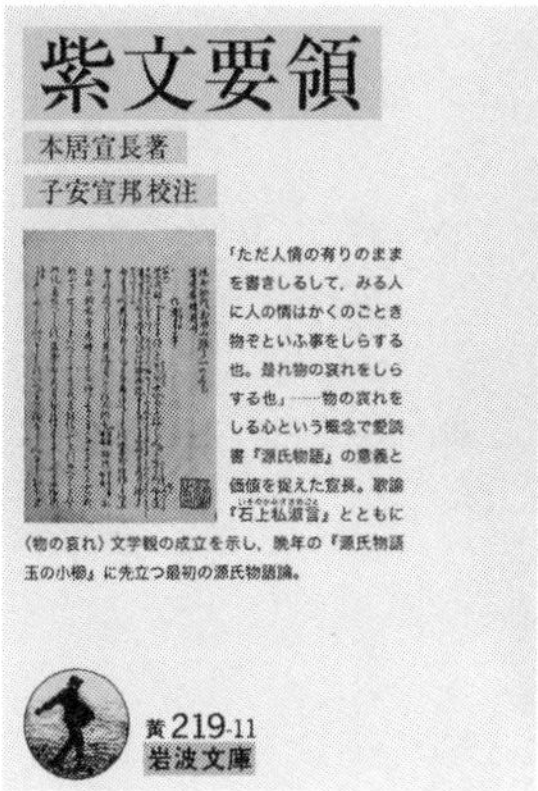

『紫文要領』
本居宣長著、子安宣邦校注、
岩波文庫

江戸の文学といえば十返舎一九の滑稽本『東海道

中膝栗毛』を思い浮かべる人も多いだろう。あれにしたって、やっぱり目指すべきは京都！なのだ。今も昔も変わらず「そうだ 京都、行こう。」というのが江戸の都に対する素直な姿勢であった。それがたとえ憧憬というより愛憎半ばする複雑な感情の顕現であったとしても。早い話、表面上は死に体になっていても、文芸の中心を大坂に譲っても、京都の文化的引力は些かも衰えなかったのである。

ところで一九は作品を書くため頻繁に取材旅行をしたそうだが、ついぞ入京はしなかったらしい。弥次さん喜多さんが闊歩したのは架空の都大路だったわけだ。けれどそれらの描写はフィクションにしては非常に緻密でリアリティがある。

種を明かせば彼は『都名所図会』を丹念に読み込んで想像力を膨らませたのであった。一七八〇年、秋里籬島が著したこの京案内は竹原春朝斎の端麗なイラストレーションと相俟って江戸の「そうだ 京都、行こう。」ブームに火をつけた。ガイドといえばガイドに過ぎないのだが、インスパイアブルという点ではそんじょそこらの文芸には真似できない魅力を湛えている。

籬島のスタイルは一七九九年に書かれた『都林泉名勝図会』が『彩色みやこ名勝図会―江戸時代の京都遊覧』として国際日本文化研究センター教授、白幡洋三郎の考証に基づいた彩色によって京都新聞企画事業から出版されており比較的手軽に入手できるのでお勧めしておきたい。

この京都ガイドというジャンルも源氏本同様、江戸の頭からお尻まで連綿と出版され続け常に人気があった。一六五八年、世相が落ち着く家綱の御代には早くも中川喜雲の『京童』がベストセラーに。家で京言葉を勉強していた女の子たちの上洛願望を煽った。大和撫子の山ガール的歴女的情動は現代に始まったことではないのである。

浅井了意の『京雀』、水雲堂孤松子の『京羽二重』、金屋平右衛門『花洛細見図』、貝原篤信（益軒）『京城勝覧』、大島武好『山城名勝志』、山野孫兵衛『京町鑑』、二鐘亭半山『見た京物語』、もー、江戸人、どんだけ京都が好きなのよって感じ。これらの古典ガイドは公共機関や大学の書籍閲覧ポータルデータベースで見られるものも多い。それらを検索して三百年前の〝京ガール〟気分を追体験するのも一興だ。

『都林泉名勝図会（上）』
秋里籬島著、白幡洋三郎監修、
講談社学術文庫

最後に一冊。江戸と京を照覧するうえで忘れてはならない書物が『南方録』である。千利休の弟子、南坊宗啓が著した茶道秘伝書。師の談話や茶会記、理論集などをまとめた全七巻。侘茶の概念を言葉に置き換えた秘伝書として永らく茶の湯のバイブルとして扱われてきた本である。

ところがこいつ、利休の時代にはなかった言葉が使われたり、矛盾した記述が目立つため、どうやら元禄時代に成立した偽書であると研究者の間では意見が一致しているのだそうな。江戸期茶道における利休＝京回帰を促す書であったのだろう。と。武士の原点である茶の湯にしてこれかよ？と驚かずにいられない。江戸はそこまで京都に還りたかったのか？

作家の京都グランドツアー

洒落の通じない、修辞に乏しい、情緒の薄いサムライの時代が終わり、江戸が東京となってようやくかの地にもオリジナルの文芸が花開く。黎明期のルネサンスを担った坪内逍遙こそ岐阜の出身だが、そののちは二葉亭四迷、尾崎紅葉、樋口一葉、幸田露伴、永井荷風、谷崎潤一郎、夏目漱石とみごとに東京とその近郊出身者によって文壇中央は占められる。例外といっては森鷗外くらいだろうか。

むろん封建社会の中で鬱屈していた才能がここにきて一気にスイングしたのではあろう。が、東京奠都《てんと》によって『源氏物語』を成立させた京都の文化的価値観が移植されたことによる解放感が大きかったのではないか。文学とは、そういう性質の娯楽であり芸術なのであろう。本に社会を変える力があるなどと思い上るつもりはない。けれど書籍は自由のバロメータではある。

やがて自然主義と反自然主義の勃興によって地方からも作家が生まれてくる。けれど京都は沈黙したままだった。天皇さんが東下りしたまま帰ってきやらへんようなって意気消沈してしまったのであろうか？　いや、実際はその反対。京都人たちは悠長にブンガクしている暇などなかったのだ。

むろん日本全体が散切り頭を叩きながら欧米に追いつけ追い越せの気運にあったわけだが、京都人たちの切迫感はそれどころではなかった。「第二の奈良になるな！」という失礼極まりないスローガンを掲げ、あらゆる面で近代化を推進していた。

全国に先駆けて市民主導で学区制小学校を次々と創立し、日本初の路面電車を走らせ、ヨーロッパに地場産業各分野の人材を派遣して最新技術を導入していった。そのなかには映画技術も含まれており、日本初の銀幕映写も撮影もみな京都だ。

それでは文芸においてこの都市がすっかりポテンシャルを失ってしまったかといえば、むろんそんなことはなかった。むしろ京都は新たな文学の母体となりつつあった。蝙蝠傘とミシンが出会う手術台と化したといってもいいかもしれない。

象徴的なのが中原中也。帽子をかぶったポートレートの優男ぶりからは想像もできない嫌な奴だったらしい。山口県の湯田温泉で産湯を使った彼が県立山口中学（旧制だから現代の高校に相当）を落第し京都立命館中学に転入したことから彼の文学人生は始まる。どうしてわざわざ山口から京都へ？という疑問が同時に回答でもあるが、即ち中原はすでに文学を志していたが故に京都を選んだのであった。
当時の京都は文士志望の群雄が割拠して集まる都市として機能していた。すでに権威となりつつあった東京の中央文壇に違和感を持った者は、まず、京都を足掛かりにした。彼らを計るのが自由のバロメータである以上、完成と同時に窮屈になってしまった東京は住み易い場所ではなかった。まず中原はここで高橋〝ダダイズム〟新吉（この人は愛媛出身）に出会う。そしてすっかり彼の「ＤＡＤＡは一切を断言し否定するぞなもし！」てな調子に心酔し、中二病に浮かされるがごとく感化されてゆく。さらにはフランスかぶれと放蕩の果て、ブンガクを言い訳にして東京から逃げてきた富永太郎が中原を訪《おとな》い、三人組は夜な夜な大路小路を彷徨した。

――とうとうこゝへ遁走をしてしまつた。遁走の結果はどうなんだか知らない。／毎晩のうに鴨川辺に出て来ては、生ビールをのんで、彷徨してゐる。（中略）ダダイストを訪ねてやり込められたり、酔つて円山公園の辻占売の女の子を抱き上げて通行人に警察の無能を慨歎させたり、その他いろいろのことがあつた。

（『富永太郎　書簡を通して見た生涯と作品』大岡昇平／中央公論社より抜粋）

『中原中也全詩集』
角川ソフィア文庫

富永が村井康男に宛てたこの手紙の内容などが、その雰囲気を非常によく伝えている。この浮かれポンチキ騒ぎは彼らが小林秀雄に拾われ、さらには大岡昇平、坂口安吾らの知己を得て中央文壇に居場所を与えられるまで続く。と、まあ、京都はそんなような情熱の溜まり場だったのだ。

このあたりのリアリティと中原中也の性格を理解したうえで『在りし日の歌』を捲ると、「独身者」とか「ゆきてかへらぬ」などの京都を舞台にした詩作がより面白く読める。都市の姿が浮上する。

近代文学の主役たちは多かれ少なかれ京都に遊び、暮らし、影響を受けている。『源氏物語』や『徒然草』リバイバルに沸いた江戸の京ブームが、かくのごとく形を変えて受け継がれていったのだと考えることもできる。冒頭で述べたように日本文学の源泉を探り、知悉するうえで京都遊学は欠かせない教養、グランドツアーであったのも確かだろう。つまり最も身近な外国として彼らは京都を目指したのであった。

水川隆夫の『漱石の京都』(平凡社)などを読むと、そのあたりの作家の心情、機微が伺い知れる。

さしずめ漱石や谷崎にとっての京は、そういうようなものだったに違いない。「京都を理解せねばならない」というある種のオブセッションは、あたかも文学者のDNAにインプリントされているがごとくだ。

『虞美人草』が書かれ、『月と狂言師』や『蓼喰ふ蟲』が書かれたように、川端康成の『古都』が、芥川龍之介の『羅生門』が、鷗外の『山椒大夫』や『高瀬舟』が書かれた。室生犀星、林芙美子、吉井勇、高浜虚子、島崎藤村、みんな京にチャレンジしてきた。なかには吉井のようにミイラ取りがミイラになってしまった例もある。

ふたつの大戦を挟み、欧米との距離が縮まっても、三島由紀夫は『金閣寺』を書き、水上勉は『五番町夕霧楼』を書き、松本清張は『Dの複合』を書いた。近年ならば渡辺淳一の『野わけ』や『桜の樹の下で』、浅田次郎の『輪違屋糸里』や『活動寫眞の女』などは同様のDNA的京都嗜好が表れた小説だといって間違いない。いや、赤江瀑の短編群を忘れたわけではない。彼についてはは別立てでしっかり論じたい。

とまれ文豪たちは各々勝手に京都を観察し、分析し、京都を語る。そいでもって「なるほどな」と肯けるものは存外少ない。まあ、漱石ですら、

——ぜんざいは京都で、京都はぜんざいであるとは余が当時に受けた第一印象でまた最後の

『漱石の京都』
水川隆夫著、平凡社

印象である。子規は死んだ。余はいまだに、ぜんざいを食った事がない。実はぜんざいの何物たるかをさえ弁《わきま》えぬ。

（『夏目漱石全集10』ちくま文庫「京に着ける夕」より抜粋）

と、なんとなく深いような気がしないでもないが、お茶を濁しているだけかもしれない切り取り方をしているのだから、そう容易く解読してしまえるような場所ではないのであった。

だが、しかし京都と近代文学の結び目といえば、まず目立つのは梶井基次郎の一連の作品群。とりわけ『檸檬』であろう。

京都における梶井の〝在り方〟は、ほとんど寸分の違いもなく中原中也的である。佐野研二郎氏のオリンピックエンブレムどころの話ではない。ふたりを分かつ最大の要素は容姿で、はっきりいって梶井はかなりままならないご面相であられた。同じ時期に（しかも近所で）下宿暮らししていたのに接点はない。あってもきっと中原とか絶対に彼を相手にしなかっただろうケド。それも「だってあいつブサイクじゃん?」とかいうミもフタもない理由で。

一九二三年、梶井は件の短編の草稿に取り掛かっている。このなかで彼は電飾に照らし出された路面電車行交うモダーンシティ京都と、その裏側に水昏くたゆたう古都を比較させている。ダダ三人組が女を小脇に跋扈していたような大通りではなく、現代にあるまじき、うらぶれた古い街並が好きだと述懐を漏らす。もうこの時点で梶井は京都をなにも理解していないのが丸わかり。京都では崩れかけた街並のほうがしたたかに強い生命力を持っているのだから。

梶井が爆弾に見立てて「こんな場所、壊れっちまえ!」と檸檬を置いたモダーンの象徴のごとき『丸善』。やがてそこが古き良き京都を代表する場所になるなんて、この作家には想像できただろうか? そして檸檬が爆発する前に、そっと歴史に幕を下ろすなんて。だが、それでおしまいではなかったことも。二〇一五年に蘇った『丸善』に梶井基次郎を連れてゆきたい。彼はまた檸檬を置きたいと思うだろうか。

本来、作家というのは作家にならざるを得ない、作家にしかなれない人間がなる職業ではないか。京都にはその資質を顕現させるリトマス試験紙のごとき性格がある。近代文学史がそれを証明している。

〝鵺〟の都市の漫画家たち

京都は絵になる。しかし京都を端的に表現し得たアート作品は古今東西を含め大変に少ない。むしろ活字のほうが、この複雑で重層的な都市を描き出すのには向いているのかもしれない。ヴィジュアル・エクスプレッションはどうしても京都の表面に捕らわれてしまう。表層の美の引力に牽かれて斜交したり赤方偏移を起こしちゃうのだ。

むろん森村泰昌の一連のセルフポートレートのように、京都的なものを観る者の心理に召喚してしまうような作品がなくはない。が、やはり例外的。また鑑賞する側も、どうしても東山魁夷的なタブローを期待してしまうので、いよいよ状況は難しい。ラッセンやヒロ・ヤマガタを嗜好する価値観がこんどは反対に京という主題を歪める。

おそらく京都の深層に迫ってリアルな魅力や愉悦を伝えることができる（できた）〝絵〟は漫画ではないか。

これには二つのベクトルがある。ひとつは「京都を舞台にした作品」、もうひとつは「京都人的な視座に基づいて描かれた作品」。近年は京都ブームのおかげか両者のハイブリッドも存在している。

前者を代表する作品は、どうしても歴史もの中心。なのだけれど平安期のお話だろうと新撰組が活躍しようと、たいがいはこれっぽっちもこの特殊なフィールドに頓着していない。べつに日本のどこに場所を移しても成立しちゃうようなものばかり。登場人物も同様。現代人的な思考法をしていても、そこは漫画なのだから構いはしない。が、京都人の性格をしていない京都人キャラには興醒めである。

つまりは京都を道具立てとして利用しているだけなのだ。京都人は「よそさんは面白いこと考えはりまんなあ」と笑ってしまう。描き手が意識しているかいないかはあまり関係ない。キャラクターに深く踏み込んでさえいれば自ずと京都的なるものは香り起つ。清原なつのの『千利休』（本の雑誌社）なんかがいい例だ。

利休は堺の産で京都人ではないけれど生涯を京都人足らんとして生きた人。彼から京都人の性質を除去したら骨と皮しか残らない。清原は、そんな利休の精神に脈動する京都人性をみごとに活写した。

そういう意味では洛中に暮らす市井の人々の物語を作品化するのは歴史上の人物を取り上げ

『路地恋花（1）』
麻生みこと、講談社

るより、もしかしたら困難なのかもしれない。実際、成功している漫画は僅かだ。そんななかで感心させてもらったのが麻生みことの『路地恋花』（講談社）。これには驚いた。京都人キャラクターたちの微妙な心の襞や、ならではの揺らぎを「美しいもの」として描き切っている。

たぶんこれは作者がよそさんだからこそできる技で、はっきりいって京都人作家は気恥かしくてテレが入って筆が怯えてしまうだろう。間違った解釈をされると、すぐに口の端を片方だけ上げてしまうような彼らだが、臆面もなく（褒めてます）京都人性を持ち上げられると思わず顔を手で覆って逃げ出したくなるのだ。

いわゆる京都人——というより京女——キャラをリアルかつ魅力的に描いているという点では末次由紀『ちはやふる』（講談社）の若宮詩暢や、これはアニメだけれど『舞-HiME』の藤乃静留（声を宛てた進藤尚美も素晴らしかった）などがいる。

京男では鳥飼茜『おはようおかえり』（講談社）の主人公、堂本一保が人気だったようだ。造形に破綻はなかったけれど、ただ、「方言男子」というくくりは勘弁してほしかった。方言というのは地方の訛であり、いちどとして地方だったことのない京都で流通する言語は断じて方言などではない。宮様の言葉遣いが訛っているとでも？

だが、京都の漫画といったとき人々が思い浮かべるのは、むしろもう一方のベクトルが指し示す作家たちの作品だろう。

人口に比例しての多寡は知らねど、そこそこの数のプロ漫画家が府下も含めてここを出身地としている。おそらく最もメジャーなのは大島やすいちだろうか。えびはら武司や尾瀬あきらも実は京都人だし、あと富永一朗も鴨川で産湯を使っている。

それにしたって『バツ&テリー』（講談社）と『まいっちんぐマチコ先生』（学習研究社）と『夏子の酒』（講談社）と『チンコロ姐ちゃん』（桃源社）が同じ場所で育まれた感性から創造されたとは、お釈迦様でも気がつくめえである。タツノコプロダクションを興した吉田三兄弟（＋辻なおき）とか、青木雄二、CLAMPなどを足してみてもカラフルな絵具を全色混ぜるとドブ色になるようなもので、エントロピーはいよいよ増大するばかり。京都という都市の正体に迫れるものではない。

このばらばらさ加減というか得体の知れなさこそが京都的なのだと言うこともできよう。たしかにここは、それこそ〝鵺〟のごとき身体を有する都市である。

しかし上記の作家たちを寄せ集めたときの正体不明さは継ぎ接ぎ妖怪のそれではない。もしかしたら、みんな自分の出身地に対して憎しみがあるのではないかとすら穿ってしまう。『ナニワ金融道』（講談社）など、いかに京都的な価値観を否定するかという精神すら感じる。が、もしかしたら京都人の奥底にある「金儲けへの嫌悪と羞恥」の顕現である可能性もある。興味深い作家だ。

てなわけで、京都（的なもの）についての漫画を描こうが描くまいが隠しようもなく典型的な京都人漫画家を挙げるとすれば、まず筆頭がひさうちみちお。そして『きょうの猫村さん』（マガジンハウス）のトボけた味が爆発的な人気となった、ほしよりこだろう。

異論があるとすれば、みうらじゅんとグレゴリ青山だけれど、わたしはこの二人にさほど京都を感じない。そもそもご両人を漫画家というより絵付き随筆を描かれるエッセイストだと個人的には認識している。京都と京都人についての著作（それも出来のよい本）を何冊も上梓されているグレゴリを京都っぽくないと評するのは無理があるのは百も承知だが、彼女の視点には京都人である必然性を感じないとでも言えば解ってもらえるだろうか？

裏を返せば、スケベやアソコについて描いていても、ひさうちのオリジナリティは京都でなければ誕生しなかったし、彼が京都人でなければ獲得できなかったのではないかとわたしには思えるのだ。かくのごときインティメイトな対象を主題としながら一定の距離感を保ち続ける絶妙な〝間合い〟は京男そのもの。

スカトロジーを描いた『理髪店主のかなしみ』（双葉社）や『１００万人のマスチゲン』（青林

堂）に満ちる韜晦とおかしみ。ジェンダーの問題をセクシャリティと切り離すというアクロバットを成功させた性器……世紀の名作『山本さん家の場合に於るアソコの不幸に就て』（チャンネルゼロ）など、どれもふんぷんと京都人の体臭を放つ。

もっとも京都そのものが登場するのは歴史ドラマ『義経の赤い春』（角川書店）くらいで、あとは『向日町《むこう》の午後の秘事』（風門社）や『人生の並木路』（河出書房新社）などエッセイ風の読み物が多い。いつかがっぷり碁盤の目の土俵の上で、京と四つに組んだ漫画を読んでみたいものである。

先だって第十九回手塚治虫文化賞マンガ大賞を受賞したほしよりこ。彼女の出現は、高野文子が漫画界に登場したとき以来の衝撃であった。とにかく他の追随を許さない独特のシニシズムをお持ちの作家である。鋼鉄を絹で包んだような――そもそも英国の名優ジョン・ギルガッドの声を指した表現だが――作風だとわたしは思っている。前回の帰国時にご本人とお会いする機会があったのだけど、愛らしいご容姿と柔らかな話し方で辛辣なことをビシバシおっしゃる、まさに作品通りの方であった。

『きょうの猫村さん（1）』
ほしよりこ、マガジンハウス

手塚賞受賞作『逢沢りく』（文藝春秋）はそんなほしの京都性が遺憾なく発揮された彼女のエポックとなるべき漫画。ここに登場する〝あたたかな〟試練の数々が犇《ひし》めく【関西】とはまさしく、これ以上ないくらい京都なのだけれど、前述した美しいイメージの表層に読者が足を取られないよう言葉を置き換えたのであろう。
最後に、ストレートに京都を描く京都人作家、寺島令子について触れておかねばなるまい。いまやすっかりネトゲの人だが、デビュー作『チルドレンプレイ』（講談社）初読時の歓喜をわたしは一生忘れない。

——じゃらけつおけつで／ちんぽむいてほい（中略）ぼんさんがへをこいた／においだらくさかった
（百八十二ページ）

諸君、これこそ京都の正体である。

玉石混交の魔界京都本

かつて文豪たちが京に異国を幻視し、グランドツアーを試みたように人々はいまもこの都市に様々な想いを重ねる。ある人にとっては歴史の堆積層を観察するフィールドワークの地であり、またある人には想像もつかない満漢全席のフルコースであったりもする。百人の旅行者には百通りの京都があり、いずれもが虚であり実でもある。

しかし、とりわけ重量感のある思い入れを抱いているのは魔界としての京を愛する一群であろう。もっとも、これまた百人百様。夢枕獏の『陰陽師』(文藝春秋)にハマって安倍晴明の聖地巡礼に精を出すタイプもあれば、いわゆる心霊スポットを凸ってリアルお化け屋敷としての京を愉しむ者もある。ただ確実なのは魔界京都は女性誌が演出したがる「はんなり京都」と同じくらいフィクショナブルだってことだ。

魔界京都マニアの大好物に【鬼門】というやつがある。より正確には「鬼門を封じるために延暦寺が建立された」とかの伝奇的ガジェットが（本来の目的はともかく）都市に可視散在しているること。仮想現実ぽくてたまらないらしい。

ただ、あまりにもそれらの霊的装置《ガジェット》が尤もらしいので本気で信じ込んでしまう〝よそさん〟が後を絶たないのは、ちょっとばかし気持ちが悪い。

そもそも延暦寺は滋賀県の寺。そんなに京都人にとって大事な聖域ならなんであっち側に譲ろうか。だいたいオリジナルの王城に対して比叡山は鬼門の方角にない。七九四年の遷都だって奈良仏教からの隔離が目的だったのに、都の守護をホトケ様に頼ってドーするという話もある。なぜそういった明白な事実から目を逸らすのであろうか？

【鬼門】は京都造営時、参考にされた陰陽学の書物から入ってきた中国の思想。その代表が『黄帝宅経』。これによれば「鬼門は宅の塞り也、帰缺薄にして空荒なれば吉也、之を犯せば偏枯淋腫等の災い有」であり「鬼門は龍腹にして福嚢也、宜しく厚しくして実重なるべければ吉也、缺薄なれば即ち貧窮す」とある。つまり鬼門とは手つかずで放置すべき方位なのであった。

この本は実に面白い。魔界京都に惹かれるなら、まず読むべきはこいつや平安時代に書かれた日本最古の庭園書『作庭記』であろう。後者についてはＮＨＫブックスから『「作庭記」の世界　平安朝の庭園美』（森蘊著）というよくできた本がある。前者は苗村元長三敲校の和本があって、わたしが持っているのもこれだが稀覯本というほどでもないけれど少々入手困難。だがウェブ上に散らばる断片でも充分味わえる。

それらを繙けば、御所の東北角にいる猿はむしろ魔を紫宸殿に招き入れて素通りさせる——風通しを良くする——ための霊的装置であることが知れる。なぜ鴨川畔には柳と桜が交互に植えられているのかとか、どうやって禍《まが》つ地霊を鎮めていったのかとか、魔界としての緻密な都市構造がよほど明解に見えてくるのであった。

それでも魔界京都を扱った本は多い。平気で「鬼門を封じる」とか「護る」と書いてしまうような筆者の本と、『黄帝宅経』くらいは読んで「鬼門を切る」「欠く」と正しく表現できる書き手の本が玉石混交を絵に描いたように書店には並んでいる。それでも以前よりはずいぶんとマシになったのだ。かつて「鬼門を切る」系はほとんどないに等しかったのだから。

『「作庭記」の世界
平安朝の庭園美』
森蘊著、日本放送出版協会

たぶん、その嚆矢となったのはムック本『京都魔界めぐり』（別冊宝島EX）だ。むろんそれ以前から『京都・伝説散歩』（河出文庫）や『京都丹波・丹後の伝説』（京都新聞社）といった書籍はあった。どちらも大変によくできた丁寧に編まれたプラグマティズムの本で、わたしも永らく愛読していた。ただし、あまりにも外連味《けれんみ》もハッタリもないので「鬼門封じ」系の嘘に慣れた舌には頼りないかもしれない。

『榧《かや》の木祭り』（新潮社）で芥川賞を受賞した高城修三も実はいくつかの魔界本を書いている。さすがに端麗な筆致で『京都伝説の風景』（小沢書店）なんかを読んだときは期待したものだが『大和は邪馬台国である』（東方出版）あたりからおかしくなって『紀年を解読する　古事記・日本書紀の真実』（ミネルヴァ書房）を読了したときには魔界京都の案内人ではなく、あっち側の住人になってしまわれたのではないかと嘆息したものだ。

『改訂版 京都魔界めぐり
日本最強の魔界都市・実体験ガイド』
宝島社

もしかしたら、このカテゴリは〝そういう〟危険性をはらんでいるのやもしれぬ。高野澄なんかもけっこうキテレツ。

七二年から四冊刊行された（一冊目は奈良本辰也との共著）彼の『京都の謎』（祥伝社ノン・ポシェット）シリーズは隠れた名著だ。ところどころ論理矛盾も散見されるのだけれど、それでも型にはまった従来の京都案内書籍では紹介されなかった日陰の部分にスポットを当てているという意味で魔界都市の扉をノックした本。下世話というか三面記事的な視点で歴史の歪みを解析する手法も新しい。

しかし『京都・伝説散歩』が素朴で薄味だとしたら、こちらは超濃厚。そしてストレート。濃厚でもいいが脂がぎらぎら浮いてるのは年寄りには胃に凭れる。ストレートでも構わないが浸透圧で水分が抜けていくほど塩分の強い「解読」は喉を通らない。一歩間違えるとトンでも本である。いや、大好きですけどね、このシリーズ。もっと評価されていいと思う。

だが、それらの先達を差し置いて九四年に出版された『京都魔界めぐり』をわたしが大きく評価する理由は、その風味の複雑さにある。でもって、その味覚がちゃんと京都の素材によって作られているのだ。つまり非京都人を悦ばせるための偽京風ではなく、一見すると京都のイメージから程遠い真京都がそこにはあった。

それは快い衝撃だった。「え？　ここまで書いてしまっていいの？　読者がついていける？」と心配になったくらいだ。自分が京都本を書くときの指標にもなった（とりわけ自著の『怖いこわい京都』〈新潮文庫〉を書くときには）。京都が、京都本が、魔界京都が好きな読者というのは、ここまでマニアックになっても、ほぼ誰も知らないようなニッチなことを書いても喜んでくれるのだなと安心したのだ。

いま読み返しても本書上に取り扱われている事例や物件、それらを元に展開されている論理や分析は新鮮だし、京都を読む愉悦に溢れている。とりわけ髙橋昌明、深沢徹、田中貴子、小松和彦による座談会はなかなかうきうきする内容で、なぜここに加われなかったのかと残念だったほど。

この四氏の著作は、そんなわけで以来目に付くと購読するようになった。髙橋は『酒呑童子の誕生　もうひとつの日本文化』（中公新書）、深沢は『都市空間の文学　藤原明衡と菅原孝標女』（新典社）、田中は『百鬼夜行の見える都市』（ちくま学芸文庫）、小松は『京都魔界案内』（光文社知恵の森文庫）あたりが、それぞれの資質と視点の独自さがよく表れた好著だろうか。

類書的な一冊にＫＡＤＯＫＡＷＡが発行する怪談文芸専門誌『幽』の八号、特集「京都怪談」があるけれど、クオリティは高いもののいまひとつ物足りなかったのは干支が一巡するあいだに京都の魔界性が薄れてきているからかもしれない。というか、これだけ開陳され尽くしてしまったら正体不明の恐ろしさなど望むべくもない。

前述したように魔界京都のガイドは玉石混交で、しかも見分けが難しい。鬼門や延暦寺についての記述が必ずあるとも限らないし。文体が稚拙だから内容もお粗末だと断ずることもできない（プロの文筆業以外の著者も多い）し、逆もまた真である。読者のほうが資料本的な書籍を漁ってリテラシーを高めてゆくしかない。

そんななかで、これだけは読んでおくべきだろうと言える本があるとしたら、それは井上雅彦監修の怪奇幻想小説アンソロジー異形コレクション第四十一巻『京都宵』（光文社文庫）だろう。

このシリーズにはときおり憑き物でも降りたんじゃないかと思うほど粒揃いの短編が集まることがあるけれど、この巻がまさにそれ。あそこまで濃度の高い小説世界が構築されているのは、もちろんプロデューサーとしての井上の力量もあるだろう。が、あれは魔界都市としての京都がクリエイティヴィティを発露させる媒体としてそれだけの差響力を有している証左だと考える。リアルな京の魔界はもはや創作の裡にしかないのかもしれぬ。

キャラが滲みだす京料理人の著書

京という都市の本質を知る手引きとして最も有用な書籍は【食】について著されたものであろう。事実様々な京都関連本のなかでも発行点数が多いカテゴリだし、ヒット作も散見する。こんなにも、その土地の食べ物や食事処が求心力を持った場所も珍しい。いくら大阪が食い倒れの街だといったところで「京料理」という言葉のように「浪花料理」なる言葉が流通しているわけではない。パリですら食を目的に訪う人の数は京都ほどではあるまい。

なぜそうなったのか？　海は遠く、農作地は狭く、土壌も肥沃というわけではない百五十万クラスの都市が世界に冠たる美食の首都たり得る秘密はどこにあるのか？

日本版は評価の精度に問題があるとはいえ腐っても『ミシュラン』赤ガイドにおける星の獲得数は人口比率で計算すると京都が世界一。その理由を模索することが、この奇妙な街の深層を探る重要な手立てになるのは明白だ。自ずと食関連書籍も都市論めく性質を帯びる。

京の食について書かれた本の筆者としてまず誰もが思い浮かべるのは辻嘉一。裏千家十四世家元碩叟宗室が〝あり得べき理想の茶懐石〟を体現する店として料理人辻留次郎に開かせた『辻留』二代目主人。はっきりいってこの人が現代の京料理――より正確には、京料理といってマジョリティが思い浮かべるであろう食席の姿――を完成させたといっても過言ではない。

非常にたくさんの著書があり、わたしもすべてを読んだわけではないが、なんというか曖昧なところが非常に少ないのが特徴。それまでの「料理は愛情」的な蒙昧から和食を（家庭料理まで含め）救ってくれた光明のごとき名著が並ぶ。

それらはまるで設計図のようだと思う。

設計図といっても黄金律の調理法を縷々説いた理論書という意味ではない。山河襟帯の湿地帯・山背《やましろ》が京都になるに際して風水や陰陽学、四神相応といった理論をもとに図面が引かれたことはよく知られているけれど、辻嘉一の料理本はまさにそういった世界の構造を解き明かすためのロジックを、食というフィールドに敷衍したかのごとくなのである。

それこそここから「この作家この10冊」辻嘉一編を始めたくなるが、ことあるごとにわたしがページを開く個人的なお気に入りは三月書房から刊行された『大福帳』『献立帳』『仕入帳』の三冊。このトリロジーはとりわけ上記した食=京の設計図感が強い。『五味六味』『料理と食

器 盛りつけのコツ』（どちらも中央公論社）の二冊は毎日の食卓が頗る豊かになる緻密な知的娯楽書。
あと、辻の本をまだ読んだことがない人のために『辻留ご馳走ばなし』（中公文庫）をお勧めしておこう。彼の過去の著述作品をぎゅっと濃縮したような、いや、塩梅よくおむすびにまとめたような本だ。

『辻留ご馳走ばなし』
辻嘉一著、中公文庫

てなことを書くと、「ちょっと待って。自分にとって京都の食といえば【おばんざい】なんですけど」とおっしゃる方々もおられるだろう。ただ残念なことに大概は京風B級グルメ程度にしかそれらは認識されていない。四季に根差した京都人の心理的バックグラウンドの眺望や始末の精神、見立てのアナロジーをそれらから読解しようとする人は少ない。

「おばんざい」という言葉を京の符牒として流布させたのは随筆家の大村しげ。それこそ辻嘉一と並列しても遜色ない食の伝道師である。とりわけ秋山十三子、平山千鶴との共著『京のおばんざい』（光村推古書院）は歴史学的にも民俗学的にも京都と京都人を知る上での必読書だ。

だが実のところ、べったべたの京都人だと思われているわたしが「おばんざい」なる言葉を知ったのは大人になって本書を読んでからなのであった。彼女がいう「おばんざい」は普通に

「おかず」と呼んでいた。そして今でもおばんざいという呼称には違和感がつきまとう。そういう京都人が周りにも実は存外いる。前述した辻嘉一は意外なくらい庶民的なレシピ本を何冊も出しており、それらには当たり前のように伝統的な京都の「ごはんのおかず」の数々が登場する。が、彼もついぞ積極的に「おばんざい」という言葉は使わなかった。

「おばんざい」というのは、たとえば「はんなり」「ほっこり」「〜どすえ」などと同様に京都人の皮膚感覚から乖離した京言葉といっていいかもしれない。『京のおばんざい』は抜群に面白い歳時記ではあるけれど、本来、大村が評価されるべきは『聞き書 京都の食事』（農文協）のような社会人類学的仕事であると考える。彼女は京のレヴィ＝ストロースなのだから。

もちろん書かれた時代も大いに関係してはいよう。『京のおばんざい』初出は昭和三十九年の朝日新聞京都版。高度経済成長と東京オリンピックによって日本が音を立てて変わってゆく時代のさなかゆえに書き残された食の記録という側面もこの本にはあった。語り口こそ軽妙だけれど気楽に京の食の愉悦を紹介する書物ではない。

その点では京都人ではない著者によるドキュメンタリーといった風情の『京都 味の風土記』（とんぼの本）や近年ならば和菓子の老舗『中村軒』の女将・中村優江《まさこ》の『京のおかし歳時記』（三想社）などのほうが都市にこもった生の空気の匂いや〝気分〟を伝えているといえよう。これらを読むと京都の「愛される理由」が解る。

そういった情緒が辻嘉一的な京料理のメインストリームに敷延された愉しくも美しい一冊が『草菜根』。さすが文化出版局！と唸らずにおれない洒脱なデザインも素晴らしい。著者の中東久雄は日本一予約の取れない店『草喰なかひがし』の御主人。だが、よほど我欲の張らない性格であられるのか、著書にはこれみよがしなところが一切なくてすっきり気持ちがよい。

それにしても面白いなーと思う。京都人料理人の著書というのは辻にしても中東にしても、どうしてこんなにも書き手のキャラクターが滲みだすのであろう。吉田裕子の『京都 吉田屋料理店』（主婦と生活社）を開いたときなどレシピさえもが彼女の声で脳内再生されて笑ってしまった。超人気店『枝魯枝魯』オーナー枝國栄一の『くずし割烹 調味醤油で素材を活かす』（柴田書店）も同様。論理的でありながら愉しみながら読める料理本になっているのはお人柄が滲んでいるからだ。

むしろ京都人という特殊な種族がその接合面にいるからこそ京と食はかくも密接な聯絡を果たすのかもしれない。

辻嘉一の後継者というか、現在の京料理界のオピニオンリーダーと目されている老舗料亭『菊乃井』三代目主人村田吉弘なんかも見事にそのタイプ。京都人のええところも悪いところもみんなひっくるめて敬意を払わずにはおれないお人柄だ。

一番好きなのは『京都人は変わらない』（光文社新書）だろうか。「日本人はもっと法事をせなあかん」とか「料亭は高くないと言えるのが我らの誇り」とか思い切り〝京的なご意見〟が並ぶ。きっと非京都人には理解不能なものもあるけれど、なによりも京の食文化を愛し、これをより広めたい！みなに味わわせたい！という情熱がストレートに伝わってくるのがよい。

もっとも村田吉弘も昔からこんなに弁が立ったわけではない。京を考察するうえで絶対に欠かせない重要なテクストだと断言できる『京料理のこころみ』（柴田書店）。村田はその共著者のひとり、柴田日本料理研鑽会のメンバーとして名を連ねていたのだが、年齢も若かったとはいえ現在の威勢のよさは少しも窺えない。

イニシャチヴを握るのは舌鋒一際鋭い『瓢亭』の高橋英一だが、残るメンバーも『天㐂』の石川輝雄、『中村楼』の辻雅光、『美山荘』の故・中東吉次（前記した中東久雄の実兄）、『ひろや』の廣谷和仁といった錚々たる大料亭の若主人たちで、この中に混じると村田ほどの個性でも、ときには霞みがちだったりする。また、この都市で看板を張る料理人連中は、それだけ総じてキャラ立ちしているのだともいえる。

『月刊専門料理』誌を舞台に、毎回異なる食材――それも鯵だの蒟蒻《こんにゃく》だのヒジキだのおよそ会席膳の主

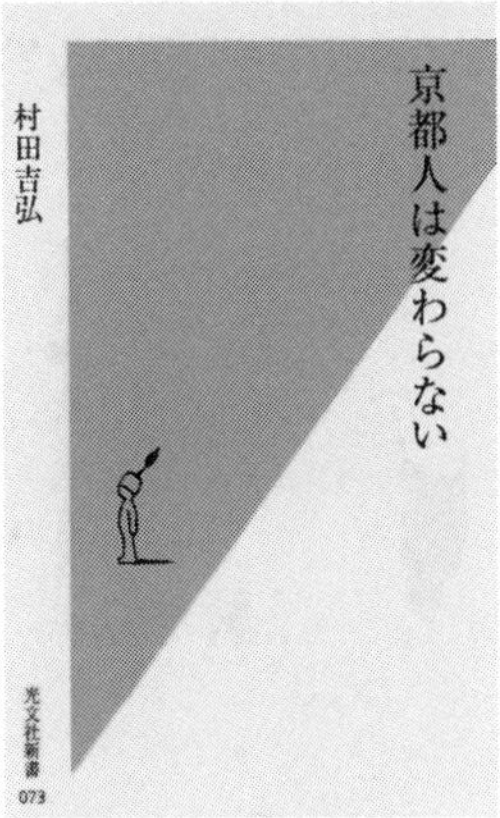

『京都人は変わらない』
村田吉弘著、光文社新書

役にならないようなものばかり——をテーマに取り上げ丁々発止と新たな味覚を拓いてゆく彼らは、そりゃあもうかっこよかった。また調理現場は各店持ち回りなのだが、それこそ威信をかけて盛り付けの器が選ばれており他ではまずお目にかかれない風景が出現していた。

本書が語る京都の核心。それはこの都市にエーテルのごとく満ちるエネルギーの存在。既存の価値観の繚乱と新たなる価値の創造を促す力の有様である。

「劇場型言語」の妙味

京言葉は演技を前提としている。わたしは手前味噌の造語だけれど【劇場型言語】と呼んでいる。近い性質の言葉は印欧系のなかに散見されるけれど仏語のポエジーや伊語のミュージカリティとも似て非なる独自性だ。思いつく限りで同じカテゴリに属する言語はイギリス英語くらいか。

重要な話なので少々脱線するが言っておきたい。しばしばアメリカン・イングリッシュとクイーンズ・イングリッシュを一緒くたにする人がいるけれど、このふたつはまるきり違う。共通語と京言葉に近い隔たりがある。シェイクスピア戯曲はイギリス英語だからこそ生命を吹きこまれ得たし、『源氏物語』は共通語の言語領域からは決して生まれてはこなかったろう。

いやいや、そらそら、米語や日本標準語で書かれた名作はなーんぼでもおまっせ。ただ沙翁や紫式部はそやなかったちゅうだけの話でおざりますわ。ほほほ。

前回の最後に紹介した『京料理のこころみ』（柴田書店）が京都という都市／文化を読み解くうえで最も重要なテクストのひとつだと考える理由は、そこで紹介される料理の技法や哲学、美意識以上に著者である六人の名料理人が交わす会話を余さず収録しているところにある。「生粋の京都人」などという表現が陳腐に聞こえるほど骨の髄まで京都的な彼らの丁々発止は無形文化財に指定したくなるほど面白い。

類書としては公家貴族のお嬢様だった荒尾須賀子様、小寺比出子様のお話をまとめた聞き書き本『冷泉家の歳時記』（京都新聞社）がある。こちらもかなりスリリングな京都的会話が満載。だが当たり前のように上品で薄味、あたかも御簾越しの会話めくので、その奥底を伏流水のように流れる京の妙味を探り当てるのは若干難しい。

その点、小林明子（漫画ハンジリョオ）の『せやし だし巻 京そだち』（140B）などのほうが饒舌が過ぎる嫌いはあるけれど、はっきりと解りやすい京都語ならではの味わいが誰にでも楽しめる。複雑味を備えた含みのある言葉が旨い。

しかし、この手の書籍はあるようで少ない。あっても中途半端な内容が目立つ。中途半端な京言葉ほど京都人をイラつかせるものはないので評価が厳しくなるのをさっぴいても読むべき本は数えるほどだ（だからこそ『京料理のこころみ』には、それだけの価値があるのだ）。むしろ操るには並大抵でない技量が必要ではあるが【劇場型言語】の特性を活かした小説の方が京都語の

〝美味しさ〟に出会えたりする。

紛うことなき京女作家である菅浩江などが好例だろうか。自分のファースト・ランゲージを駆使した作品はさすがの出来で、京都人が読んでも何のストレスもない。けれど劇場型の劇場型たる所以を体感するには稀代の名優による名演技を鑑賞していただくに如くはない。その最高峰と断言できるのが有吉佐和子の『和宮様御留』（講談社文庫）。ページを繰るごとに京の孕む情感や体臭が薫り起つ文学史上に輝く傑作だ。

いかにして彼女がここまで完璧な京言葉を使役できたのかは知らない。むろん徹底的なリサーチの結果ではあるのだろうが、なによりもこの作家が【演技】なるものの本質を知悉しているからこそ可能だったのだろう。有吉はキャラクターたちに京言葉を話させていたのではなく、京都人を演じさせていたのだ。

『新装版 和宮様御留』
有吉佐和子著、講談社文庫

有吉の造形した『和宮様御留』の登場人物たちが『ハムレット』を演じたローレンス・オリヴィエだとしたら、赤江瀑の京を舞台にした短編群に棲息して、読む者を京言葉で魅了する美しい人々や妖かし、ものの怪たちをなにに譬えるべきか。一連のイーリング・スタジオ制作映画で万華鏡のように目くるめくイングリッシュネスを閃かせ観客を魅了したアレック・ギネスあたりが近いかもしれない。ほとんど比喩の役目を果たしていないが（笑）。

京を背景に据えた赤江歌舞伎の蠱惑性について語り出したら本当にキリがないのだけれど、ここは名調子数多犇めくなか、あえてこの一本！を紹介しよう。京都の秘密に触れたいのであれば、これだけは読んでいただかねば困る。『花曝れ首《はなさこうべ》』。そこに京言葉で描かれた京都は、どんな京都よりも京都らしい空《くう》の都、虚の都である。

『花曝れ首』
赤江瀑著、講談社文庫

――『地獄が、怖うおすのんか？　修羅が、そんなに恐ろしおすか？　好いた男と見る修羅や。おちる地獄や。おちとみやす』（講談社文庫・五十ページ）

かくも傾《かぶ》いた外連の台詞が現実味を持ってしまうのが京都語の演劇的リアリティというやつであり、それを体現できる役者＝キャラクターを育成できるのが赤江瀑という作家であった。

大概の言語はボキャブラリを増やし、イントネーションを会得すれば「それらしく」偽装できるものだが、京都語（とイギリス英語）はそれだけでは足りない。というか、しっかり演じられていればボキャなんて二の次といってよい。

わたしの京都語は二周りも年上の方に「なんやアンタと喋ってたらワシのおじいちゃんと話してるみたいな気ィするわ」と笑われたくらいジジ臭いのだけれど、『第1回京都検定問題と解説』（京都新聞出版センター）に記載されている設題なんぞ言葉の問題ですら半分も解らない。【エンバント】とはどういう意味か（九十二ページ）とか、そんなん聞いたこともない。

答は【生憎】の意とあるが、正直、九割九分の京都人は〝生憎の加減〟に応じて「すんまへん」という台詞を回すはずだ。リズム、声音、どの母音を伸ばすか、話すときの表情、語尾の締め方、畳語表現、それらの組み合わせ方で「すんまへん」は無限の【生憎】に対処できるイディオムになる。だからエンバントなんて専門用語は必要ないのである。

そのあたりの機微については大淵幸治著『「京ことば」の人間関係学』（祥伝社）などが比較的丁寧な観察と検証に基づいて書かれている。正直もう一歩京都人の心理に踏み込んでほしかったとは思う。が、よそさんによるアナリシスとしては上々。これと京都新聞社編の『京男・京おんな』くらいを併読しておけば京言葉のガイドラインはおおよそ把握できるはずだ。

もちろん流通している量が僅かでも京言葉独特の語彙が物語る京都人の価値観やパーソナリティは非常に興味深い。

それらの研究書としては井之口有一、堀井令以知共著の『京都語辞典』（東京堂出版）がダントツ。老人が迎える内縁の妻を指す【ムシロヒキサン】なんて、この本でしか見たことがない語彙。忙しい家族に代わって年寄りの面倒を任せ、最後を看取ってもらい、それなりの遺産を報酬として渡すシステム。いわば「契約妻」といったところか。何事にもプロの仕事にこだわる京都人的プラクティカリティが滲む言葉だ。

辞書的な一冊としては大原穣子の『京ことばの辞典』（研究社）もある。エッセイ風の語り口で読みやすいのはいいけれど、どうしても長年ドラマの方言指導をされていた経歴が影響してか京都語を訛りとして捉えられている節が見受けられる。錚々たる作品に携わってこられた方なので、わたしはそれこそ劇場型言語としての京言葉解説書を期待していたのだけれど。

以前にも述べたように、京都は地方ではないのだから、その言葉は方言ではない。だから京都弁なんてものは存在しない。京都について書かれた書籍で一カ所でも「京都弁」という言葉が使われていたら、もう、その本は信用するに足りない。なんの価値もない。読むだけ時間の無駄である。

中井和子の『現代京ことば訳 源氏物語』（大修館書店）も大変な労作ではあるけれど、京言葉を方言として扱ってしまっていることに不満が燻る。田舎の言葉としてではなく「今ではすたれてしまった自然によりそっていた言葉」すなわち美しい日本語として方言を解釈しておられるのだが、それでもやはり京言葉は京都弁ではない。

中井は長刀鉾町《ホコチョ》で生まれて京大で学び京都府立大学名誉教授まで歴任されたえらいえらいセンセである。そのあたりに気づかないはずはない。中井訳は原典に忠実であろうとするあまり致命的に修辞に乏しかったりするので、もしかしたら彼女は京都人である前に学者だったのかもしれない。けれど源氏を京都語訳するのなら空蝉をムシロヒキサン呼ばわりくらいしていただかねば意嚮《いこう》を欠くのではないか。

京のしきたりを〝本格推理〟する！

京都は明文化されていないローカルルールによって支配されている。ああせいこうせいと指示されなくとも、こういうときはこうするもんや、そういう場合はそうせなアカン、といった取り決めが内省されることなくのさばっている。

それらは奇妙で、シュールで、矛盾を孕み、ときに理不尽でさえある。なぜ？と訊いても明文化されていないのだから確たるアンサーは返ってこない。「昔からそうなんや」でおしまい。それを面白いと思えるか、面倒くさいと考えるかでこのユニークな都市の真の愉悦——醍醐味——を味わえるか否かが決まるといってもよい。

だが、答えてくれる人はいなくても、もちろんそれらには理由がある。

たとえば料理本の項で述べたように、京料理は極めて芸術・感覚的で【塩梅】の世界ではあるが、そこには明文化、計量されていなくても【ええ塩梅】という明確なルールがある。そして京都の料理人たちは明文化が難しいことを承知の上で自らの著書で言語化を試みる。だからこそ彼らの本には京都人の人間性が滲む。

そういう意味で京の悦楽の本質とは、新たなるセオリーを導き出す歓び、あるいは〝本格推理〟を読むわくわくに近い。矛盾を孕んだ謎を解きほぐし、理不尽な発端を論理的に説きあかしてゆく感動が、いくつもいくつもある。名も知れぬ小祠の軒先や、細い路地の奥にも隠れている。

それらの独自なローカルルールを総称すると、それは伝統行事、あるいは風俗習慣とパラフレーズできよう。言葉から受ける印象は異なるかもしれないが、ちょっと考えてみればそれらがいかに異様なものであるかはすぐに理解できよう。

たくさんの観光客を呼び寄せる大文字の送り火みたいなメジャーイベントですら、なにひとつその起源を詳らかにした文書が残されていなかったりするのだ。やはり「昔からそうなんや」で終わり。その「昔」がいつであったかすら杳として知れないというのだから驚きである。

だからってわけではなかろうが『このミス』ならぬ『このシキタリがすごい！』的な書籍はかなり多く発行されている。ほとんどは京都人という少数民族の奇天烈な風儀・風習を一挙紹介お見逃しなく！式のカタログではあるのだが、それなりに心踊らせてくれる書籍が散見される。

ページを開けずともパッと見ただけで充分に京のトラディションのボリュームを体現してしまっているのが『京都暮らしの大百科　まつり・伝承・しきたり12カ月』（淡交社）。京を代表する出版社の威信をかけてA４変型、厚み五センチ、五百ページ強、一万一千円にあるたけの情報をぎっちぎちに込めている。

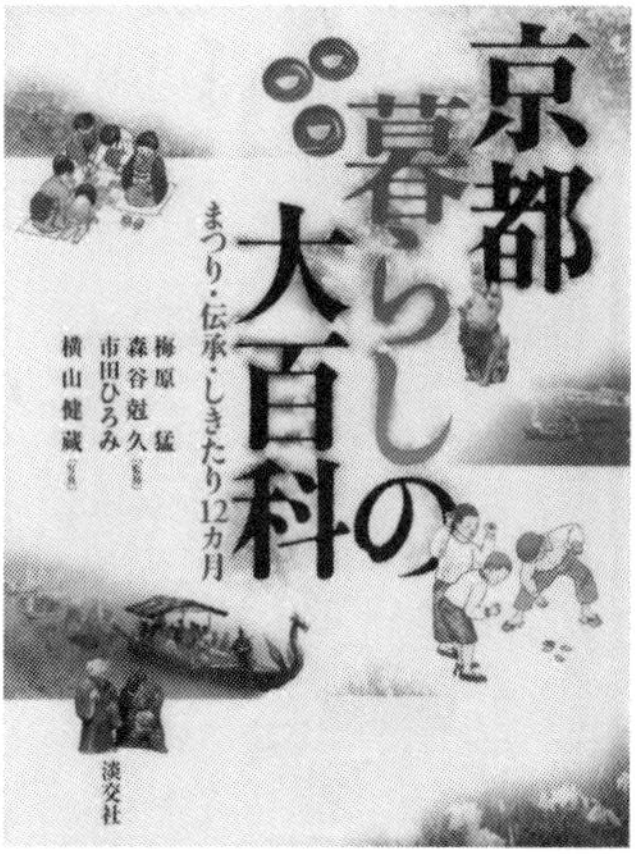

『京都暮らしの大百科
まつり・伝承・しきたり12カ月』
市田ひろみ他監修、淡交社

実際の筆者はコンサバな書き手を揃えているのだが、写真を横山健蔵に撮らせ、監修に市田ひろみ、梅原猛ら、京都のことを知ってそうで実はそうでもないいんちゃうかっぽいビッグネーム名誉京都人（笑）を迎えているあたり割と真剣に売ろうとしていたのが伝わってくる。おそらく百科事典か家庭の医学みたいに京都人のお宅には必ずある本を目指したのであろう。

立派といえば『美しい朝夕』（講談社）もかなり本格的。こちらもA４変型で、なんと全六巻だ。最初の二冊が「着物」、中二冊が「料理」、そして伝統習慣をまとめた「暮らし」。ただし決定的に違うのは、すべてのローカルルールを総花的に網羅しようなどと毛頭計画していないところ。

作りは伝統が伝統になってゆく過程で獲得した様式（シークエンス）をヴィジュアルで捉えた写真集。監修に当たっているのは裏千家十五世家元千宗室氏と奥様の登三子氏で、このおふたりの美意識が行き届いた内容となっている。本来ならば淡交社ですべき仕事なのだが、暮らしの大百科のように内向き——京都人向きではなく、あくまで外に向かって〝美しい行為〟としてのトラッドを開陳するスタイルとなっている。

本書はバブル期だからこそ出版できたともいえるけれど、このベクトルで本作りをすると、どうしても「そうだ 京都、行こう。」のポスターっぽい表層的なきれいきれいに走りがちなところを監修者がぐっと手綱を締めている。掘り下げるべきところは掘り下げてあり、さすがの出来。

ただ発行は八九年であり、デザイン的にはかなり古びてきてしまっている。京の伝統や風俗はすでに年月を経ているものだから、見せ方のプレゼンテーションが陳腐化すると魅力が損なわれる傾向がある。

いまなら類書として『鳩居堂の日本のしきたり 豆知識』（マガジンハウス）あたりをお勧めしておきたい。『京都12カ月 年中行事を楽しむ』（地球の歩き方）もかわいくて好き。若い子にはこっちかな。

ところで、この分野の書き手の第一人者に岩上力がいる。プラグマティカルな視点で様々な京の表相《フェイス》を観察した著書を多数お持ちだ。ときにピンとこない分析もあるし、ええかっこしすぎちゃうか？と思わないでもない一節に鼻白むこともある。が、やはり尊敬すべき仕事をなさっていると断言するに吝《やぶさ》かではない。

とりわけ『京の儀式作法書　その心としきたり』（光村推古書院）は、京都本格推理の探偵役を愉しもうとするならば必携の一冊。わたしも永らく京都本を書くときの相棒を務めてもらっている。岩上力はレヴィ＝ストロースではない。けれど京都人みんなの愛すべきワトソン君である。

じゃあ、レヴィ＝ストロースはいるのかよ？と、問われると、この分野では料理本における大村しげ的な筆者は残念ながら見当たらない。寡聞にして存じ上げないだけかもしれないけれど、誰の本を読んでも、あくまで肯定的にしか事象を観察していないからバイアスがかかりすぎている。

節分の巻き寿司丸かぶりの起源が花街の〝お遊び〟であることまでは書かれていても、それが疑似フェラチオだと明言してくれている本はついぞ読んだことがない。

てなわけでレヴィ＝ストロースはまだ見つからないけれど、京都版『悲しき熱帯』ではなかろうかと思う本はある。町人文化百科論集の第六巻『京のくらし』と第七巻『京のみやび』（柏書房）である。原田伴彦の編で、高谷伸を始め、伊原青々園、重森三玲といった錚々たるメンバーが参加。筆を振るっている。各々の専門分野の高みから京の盆地を俯瞰したような軽やかな客観性が心地よい学術論文集となっている。

千宗室は光悦の茶について書いており、これがなかなか興味深い。裏千家の総代としてではなく茶道研究者を任じて綴られた珍しい文章。現代の茶の湯と利休を繋ぐミッシングリンクを探る作業を家元自らが試みるエキサイティングな文章だ。

歳時記の体裁で、かなり軽い読みごこちではあるけれど『京都 旧家に学ぶ、知恵としきたり』（小学館）もプラグマティズムの名著。和歌を司る旧貴族の冷泉家、お茶の武者小路千家、一七四三年創立の呉服商杉本家の各現当主が執筆されている。

とくに魅力的だったのは千宗守氏の書かれたパート。京都人は茶道三千家をそれぞれ「裏さん」「表さん」「官休庵さん」と呼び習わすのだが、なぜ武者小路千家だけ茶室の名前が通称なのか？が解るような闊達さ。行間にもそれが漲っている。

京都本格推理を解読するにあたっての手順を示した明文化のお手本みたいな書籍として挙げておきたい『京のオバケ　四季の暮しとまじないの文化』（真矢都／文春新書）。

『町人文化百科論集(6) 京のくらし』
原田伴彦編、柏書房

街をあげて仮装する伝統行事としての【オバケ】は花街に僅かに残るくらいですでに廃れてしまっており、それゆえに研究書としてこれが書かれたのだが、もし無くなる前に出版されていれば少しでも文化衰退の抑止力になったのではないかと考えるのはセンチメンタリズムだろうか。

具体的にトラディション体験をするには件の暮らしの大百科ではガイドブックとしては重たすぎるので、『京都手帖』（光村推古書院）などを購入してうろちょろしてみるのがよかろう。繰り返すが群盲に加わってそれらの表面をなぞるだけでは快楽は得られぬ。この手帳は至極便利ではあるが、洛中を覆う因襲の謎解きをしようとしたら『少年探偵手帳』かサンスターの『スパイ手帳』くらいにしか役立たない。

念の為、本章でいう「ローカルルール」のローカルは地方（provincial）の意ではなく【地域区分】を指すので、あしからず。

京都の「う」

ラスボス東寺から〝絶対神〟桂離宮まで

【都市】とは建築である。

そこに犇めく建築群の傾向から都市の性質が読み取れるという意味ではない（ディテールの集積が物語るものはあるにせよ）。都市の構造そのものが建築物に似ていると考えるのだ。たとえば都市造築の理論であった鬼門などの風水論理がいつのまにか家相に換骨奪胎されてしまったのは両者の性格が似ているからだろう。

集落が連帯して自然発生的に育まれてゆく都市も最終的に建築物に近づいていくものだけれど、京都のようにハナから都市として誕生した場所はもう、そのプロセスからしてアーキテクチャそのものだ。羅城と同時に設営された『東寺』なんかは、まさに京都の設計図。ここの伽藍を歩くと現在でも街の普請が「ああ、京都ってこういうとこだよね」的にすんなり理解できたりして大変に刺激的だ。

ただ残念なことに東寺の構造を考察した書籍はいまひとつ、ふたつ、みっつよつ物足りないものが多い。なにしろ複雑極まりない古都の雛形なのだから難しいのも道理ではあるが、それにしてもひどい。駄本幾多候ふなかでは網野善彦の『中世東寺と東寺領荘園』（東京大学出版会）が読ませてくれた。少なくとも客観性を失っていない。東寺に〝呑まれて〟いない。

たぶん東寺は書き手にとってだけではなく読み手にとっても手強すぎるのかもしれない。最初からラスボス相手に戦ってもけちょんけちょんにやられるだけである。やはりここは『建築MAP京都』（TOTO出版）あたりを携え、碁盤の目を右往左往して雑魚キャラを倒して経験値を上げスキルアップしておく必要があろう。

この本はコラムも秀逸で、【建築物としての都市】の成り立ちが早わかりできる「京都建築千二百年の地層」、建築史のトピックスを集めた「京都をめぐる言説」、高松伸や岸和郎ら京都を中心に仕事を展開する、いわば京都人好みの建築家紹介「京都建築Who's Who」など盛りだくさん。建築関係本にはときおりやたら上から目線なものがあるけれど、そういった嫌味もない。

もちろん本書は四百弱の物件を紹介しているので、ひとつひとつについて丁寧に解説されているわけではない。そのあたりの機微というか鑑賞法が知りたいという人は西和夫の『京都で「建築」に出会う　見るおもしろさ、知る楽しみ』（彰国社）などを繙いてみればいいだろう。

けれども、そういう知識がなければ楽しめないのか？　といえば全然そんなこたぁない。

ただ、見て回ってゆくなかでモダニズムに心が躍るようなら洛中建築膝栗毛隊著『京都現代建築ほめ殺し』（洋泉社）などで、もう少し突っ込んだ観察を学ぶもよし。クラシカルな建物に心掴まれたら大森正夫の著作、『京都の空間遺産　社寺に隠された野望のかたち、夢のあと』（淡交社）や『京都、しつらいの空間美　祭事に解く文化遺産』（鹿島出版会）を読んで造詣を深めるのもなにも悪くない。独特の〝イッちゃった〟感のある文章が癖になる。

古典系は竹村俊則の『京の史跡めぐり』（京都新聞出版センター）なんかを建築ＭＡＰ的に使う手もある。内容的には極めてカタログっぽくて意識的にゲテモノを集めたわけではないのだけれど、結果として京都の胡乱さというか、わけのわかんなさが濃厚に起ち昇る一冊になっている。

わたしは基本、建築物なるものは「人の住む場所」に興味がある……というか、にしか興味がないので、『京の数寄屋普請　上野工務店施工作例50選』（京都書院）や『京都民家のこころ』（淡交社）とかを個人的にはお勧めしたい。むろん神社仏閣古刹の類に身を置いて感動することは多々ある。けれど、それらはあくまでアートを愉しむような感覚。人間が暮らすことで備わる体温が伝わってこない空間は美術品としてはともかく建築物としては正直つまらないのではなかろうか。

と、ここで思い出すのが井上章一の『つくられた桂離宮神話』（講談社学術文庫）である。哲学者フェノロサとともに日本（東洋）美術を語るときに欠かせぬ〝権威〟である建築家ブルーノ・タウトの「評価」によって絶対化・神格化された桂離宮の美。だが、実際に筆者自身がその美を確信できなかった経験と、そのとき井上に自ら評価を捏造させてしまった心理的抑圧の根源を探る……というのが本書の概要だ。

これが、もう、めちゃくちゃに面白い。たぶん、この人の最高傑作だろう。

『つくられた桂離宮神話』
井上章一著、講談社学術文庫

芸術や文学における既成の権威をケンもホロロに簒奪するというスタイルを得意とする物書きは何人もいる。が、不思議なことに舌鋒の鋭さと本人の権威志向が正比例するケースが散見される。井上はそういった俗物臭をまったく纏っていない。人品高潔、というよりは骨の髄から権力を嫌う京都人なのであろう。筆者には『京都ぎらい』（朝日新書）という著作もあるけれど、そういうものを書かずにおれぬほど京都的なのだ。

本業が建築史家である筆者は、本書出版後に「桂離宮がわからないようなやつに、建築史を研究する資格なんかない」と恫喝されたそうだが、さもありなん。一見すると扇情的なのだがあくまで客観的。

多彩な資料を引いて滔々と理詰めに解説されたら、権威としては「今日はこのへんで勘弁しといたるわ」と吐き捨てて尻尾を巻くチンピラみたいな反応をするしかなかろう。

井上が問題にしているのは「人はなぜ桂離宮を美しいと思わなければならないのか?」ということであって決して「桂離宮は美しくない」と言っているわけではない。この視点は【建築物としての都市】京都を実際の建築物から読み解こうとするとき非常に重要な意味を持つ。都市論として敷衍して読んでも井上の桂離宮観ほど端的に京都を解析し得ているものは稀だ。

ただしこれほど論の引力が強いと影響されすぎて京の風景が斜交してしまう嫌いもある。本書を読むのであれば、同時に和辻哲郎の『桂離宮　様式の背後を探る』(中公文庫)もしっかり併読して己の意識を中和しておく必要もあるかもしれない。あと、おそらくは本書のアンチテーゼとして出版されたのであろう『桂離宮　日本建築の美しさの秘密』(草思社)も。

著者の斎藤英俊は桂離宮昭和の大修理に携わった人。文化庁主任文化財調査官、東京芸術大学大学院教授、東京文化財研究所国際文化財保存修復協力センター長、筑波大学大学院教授を経て京都女子大学教授という権威の権化みたいなご仁である。京都人の網膜に映る京都と、よそさんの視界にある京都はこんなにも異なるのかと唖然とさせられる。

ちなみにわたしの目には桂離宮は古雅玲瓏と麗しい。これは前述したように自分の着眼点が日常生活にしかないからだ。あっこ、住んでみたいわー。宿泊が駄目なら、せめて茶屋のひとつ月波楼に近所の老舗菓子舗『中村軒』から鰻茶漬けを出前してもらって、縁側で丼をチンチロリンと鳴らしながらセーヌ川の色に似た苔色の池を眺められたらどんなによかろうか。

　こういった感覚を伝えてくれるのは、やはりヴィジュアル本になるのだが、俵万智というキッチンシンクの名手による言葉が写真を彩るという〝さかしま〟の作りが効いた『桂離宮』（とんぼの本）の満足度が高かった。十文字美信も美術品としての建築物から、もう一歩踏み込んだフォト作品を提供しており幸福な一冊となった。

　古人曰く、馬には乗ってみよ人には添うてみよ。とか。ならば建築には暮らしてみよという考え方もあながち珍妙ではなかろう。住めないまでも住んでいるように利用して初めて気づくことがたくさんある。

『桂離宮』
俵万智・十文字美信他、とんぼの本

　ちょっとしたご縁があって閉山後の『銀閣寺（慈照寺）』に伺ったことがある。足利義政が作った日本最初の茶室「同仁斎」に案内され、勧められてごろんと横になって庭を眺めたその刹那、風景が反転した。それまでさして佳いとも思っていなかった、ちょうど井上章一が桂離宮に抱いていたような関心しかなかった件の〝月の庭〟が冴え冴えとした姿で像を結んだのだ。

京都の愉悦は、そういったご縁が権威に献上されるのではなく「異なもの味なもの」としか言いようのない数奇で結ばれてゆくところにある。冗談でなく京都建築本の白眉と信じている『京都　名建築で食べ歩き』（宝島編集部編／宝島社）を片手に堂舎・大廈を訪ねれば、わたしの寝っ転がり体験にも似た知覚の扉を誰でも開くことができるのだ。

矛盾に満ちた京と茶の命題

京都と茶道は切っても切れない関係にある。正確には対外的に不即不離である。ピンからキリまで見事なものだ。超高級旅館のしつらえは茶の湯の美意識で統一されているし、京都限定の駄菓子はたいがい抹茶味である。無論ここは茶処の宇治を抱えているし、日本における茶道の主流である表、裏、武者小路の三千家の本拠地なのだから当たり前といえば当たり前なのだが。

しかし実際のところ京の文化の根底にあるのは千年の公家文化である。すでに京都を「読む」うえでの必読図書として紹介した有吉佐和子の『和宮様御留』に皇女降嫁の教養として茶を学ばせるシーンが描かれているが、そこに登場する雅なキャラクターたちの態度こそが本来、茶道に対する京都人の意識であった。

彼らが選ぶのは三千家ではなく藪内流。より武家茶（そう。山田芳裕『へうげもの』〈講談社〉

で描かれる古田織部の創作した茶道である）の影響を残しているからというのが表向きの理由だけれど、実際は下京に家元があったことから「下流の茶」と呼ばれており、公家たちは意識的に下流を身につける必要があるならば下流から——という選択をしたのだった。ちなみに現在の宮家の茶は表千家が主流である。

そんな茶道が、ましてや明治維新から戦時中にかけて公家の意趣返しによって壊滅的打撃を受けたこの文化が、いかに復権を果たしたのか。京の象徴にまで昇華して、都市の精神的支柱にまでなり得たのか。わたしの興味は常にそこにある。いくら興味があっても個人的に習うことがなかったのは、茶の湯をそのまま肯定しては、この命題が遠ざかるからだ。

そんなわけで茶筅を摘まむ前に手に取ったのは何冊かの桑田忠親の書籍であった。『茶の心』『茶道辞典』（ともに東京堂出版）『茶道の歴史』（講談社学術文庫）など。たぶん茶の湯のベーシックというかガイドラインはこれで掴めると思うし、これ以上のものが出ているとも考えられない。

が、それらの本にはどこにも京都がなかった。なぜ茶の湯の発展と完成には京都という土壌が必要だったのかは完膚なきまでに無視されている。つーか、著者は京都人が嫌いなんじゃなかろうか。もしかしたら茶を愛するということは京都を憎むことなのではないかとすら感じた。

そこで向かったのは古典である。明治時代、留学中の筆者が祖国への恋慕を茶道によせて書き綴った（という態の）岡倉覚三『茶の本』（岩波文庫）。さすがに本来アメリカで出版されただけあって理路整然と曖昧さはない。まだ桑田とは真逆に武家文化の本質を否定するところから論が構築されているのも納得できる。が、よほど高潔で峻烈な対外日本論は構築されているとはいえ、これは『「NO」と言える日本』の類書だ。茶の本ではなかった。

しからばと購読してみたのが柳宗悦の『茶と美』（講談社学術文庫）や熊倉功夫編纂の『柳宗悦茶道論集』（岩波文庫）。ここで初めて「なるほど」というものに出会えた気がした。茶の湯なる奈落の底の秘め事に知性の光芒がさしたかのごとき明瞭な美の言語化は眩惑的ですらある。

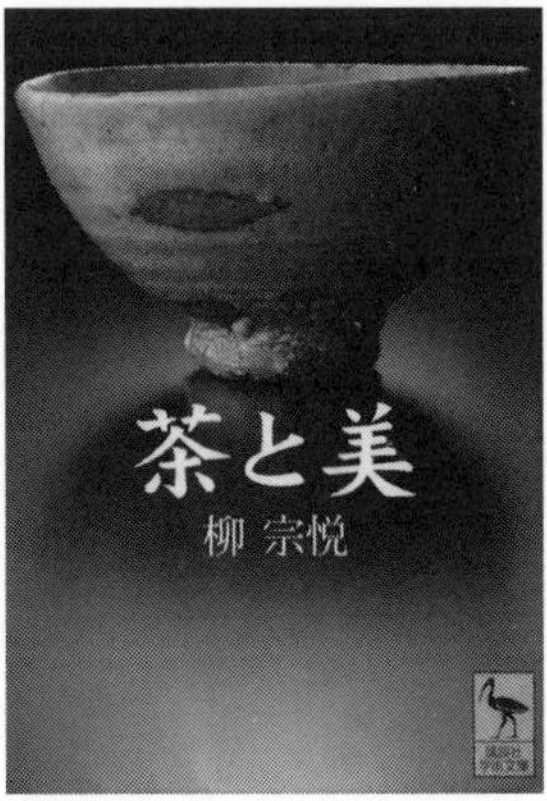

『茶と美』
柳宗悦著、講談社学術文庫

早い話がこれは「茶を観る」ための方法論。わたしにとって茶道とはシークエンスダンスである。クラシックバレエや能舞、日舞などと同様の【型】を擁する踊り。わたしが茶席で感じる心のうねりや平穏は、まさに劇場で舞踊公演を観る歓びと同質だ。同じ様式を踏襲しながら亭主によって茶会に異なる味わいが生まれるのも、これで納得できる。この認識が腑に落ちた根源にあるのが本書である。

茶の湯には『南方録』（岩波文庫）なるバイブルがある。利休の弟子南坊宗啓が師の言葉を聞き書きした本とされているが時代考証などからして、どうも偽書であるらしい。しかしだとしても本書の意義は些かも損なわれない。なぜならばこれは茶の型を獲得するための完全な理論集だからである。あいまいな精神論などはどこにもない。まさにポジシオン・デ・ピエやパ（ステップ）を解説したバレエ入門そのもの。

この卑見がまんざら間違いではなかったと気づかせてくれたのが二〇一四年、ベネツィアのサン・ジョルジョ・マッジョーレ島にある杉本博司設計のガラスの茶室『聞鳥庵《もんどりあん》』における献茶を拝見したときだった。人々は抹茶（と菓子）の美味につい惑わされてしまうけれど、その快楽は五感を総動員させる総合芸術の一部にすぎない。お茶は観るだけでも充分に面白いものだったりする。たとえ踊れなくてもバレエ鑑賞が愉しめるように。

また同じように美味しいお茶を一服するだけでも異形の茶席を眺めるくらいの価値はある。実際、お抹茶ほど簡単に本格的な味わいを再現できる嗜好品は珍しい。美味しいお薄を啜りたいだけなら本当に簡単。なにも大層なことはない。手引きが欲しい人は桑原秀樹の『お抹茶のすべて』（誠文堂新光社）とか渡辺都の『お茶の味』（新潮社）あたりを読んでみればいいだろう。

しかし件の茶会を取り仕切った武者小路千家家元後嗣、千宗屋が著書の『茶　利休と今をつなど』（新潮新書）で、そのあたりの機微に触れてくれなかったのは残念に思う。柳宗悦の著作でも確と論じ切られなかった、京と茶の本来は背反する親和性を書けるのは、たぶん現代ではこの人だけなので期待しているのだけれど。

いしいしんじの『且坐喫茶《しゃざ》』（淡交社）は茶の湯について書かれた近年の名著ではある。まぎれもなく茶道のある美しい一面を伝えている。けれどわたしには終始居心地の悪い本であった。いしいの流麗な筆致で描かれる茶席の姿はどれも「特別な人」だけが招かれる「特別な空間」だったからだ。むろんなかには垣根の低いものや花見ピクニックなどのカジュアルな茶席も含まれている。でも、それらの楽園に通じる扉はどこにも記されていない。

なにより、この人は常に客であり、絶対に主人となって人をもてなそうとはしない。たぶん、もてなすという発想もない。また、ダンスみたいに茶と関わっているわたしは、彼曰くおサムライさんの真剣勝負の場の如き茶席など真っ平御免こうむりたい。

いまのところ読んだ限りで矛盾に満ちた京と茶の命題をもっとも緻密に解き明かした本は堀宗凡の『茶花遊心』（マフィア・コーポレーション）である。本書には、もてなす気持ちがまるで一斉に花を開いた春の野原みたいに揺れている。七〇、八〇年代の京を代表する数寄者として知られた堀の一冊きりの、しかし四百ページに及ぶ茶道家としての仕事の集大成だ。

ところでわたしは堀にナンパ（笑）されたことがある。夕暮れの鴨川沿いでいきなり腕を掴

『茶花遊心』
堀宗凡著、
マフィア・コーポレーション

まれ「お兄さん！　あれ、ゆーほーちゃいまっか！」と叫ばれた。振り返ると、そこにはゴルチエのドレスを着た痩躯の老紳士。指さす先には工事中のクレーンに点った赤いライト。こういう未知（の人）との遭遇は〝京都あるある〟なので慌てず騒がず「あれは航空障害灯やないですか」と答えると「そやろか？」と堀は細くしなやかな指にきゅーっと力をこめた。


一ヶ月ほどのち、こんどは昼下がりだったが彼を見かけたとき「こないだは失礼しました。偉いお茶の先生やと母に教わりました。こんど会うたら、ちゃんとご挨拶するよう叱られました」というと「ほな、うちおいでやす」とそのまま拉致された。それは多分わたしが体験する初めての本物のお点前だったが、その水が流れるような自然美におおいに胸をうたれた。

「お兄さんは、なんにもお作法をご存知ない言わはりましたけど、お見事でしたえ。作法を引き出すのんは亭主の責任。お客が不調法なんは主人が無能やのえ」

帰る間際、堀宗凡は「うちな、こないだ本出してもろてん」と件の『茶花遊心』をわたしに手渡し「また、いつでも遊びに来よし」と誘ってくれた。直後から仕事が猛烈に忙しくなって、それきり堀との付き合いが途絶えたことを未だ後悔している。

京都における茶とは、そういうものだ。

いきなり「ゆーほーちゃいまっか！」と腕を掴んで、その世界に誘《いざな》う。たぶん京都でなければ堀宗凡のような個性は誕生せず、ガラスの茶室でお点前を披露する個性が許されることもなかった。つまりは矛盾こそ個の温床であり、茶は個を涵養する肥料だということかもしれない。

妖怪ぬりかべ　林屋辰三郎『京都』

建築や茶道など、ディテールから京都を読み取る作業が続いたので、この辺りでもう一度この都市を俯瞰するテクストを繙いてみたい。すなわち歴史について書かれた書籍についての検証である。

だが正直申し上げて「京都の歴史」について書かれた本を資料や教材としてでなく娯楽として読んだ（読めた）記憶というのがあまりない。ざっくり歴史といわれても、あまりに方向性が広範囲、多岐多様に亘るため一冊にまとめられてもなんだか掴みどころのない印象になってしまうからだろう。ピンスポットな考現学とは違って、それらの本には興味のとっかかりが見えないので手に取りにくいわけだ。

卑近な例だが、自著をとっても都市の全体像を捉えようと試みた論説はジャンルの異なるサブジェクトの集積という形式で読者にアプローチしている。よしんば、そこに読み手が興味ない項目が混ざっていたとしても、それらは碁盤の目の下で地下茎を絡ませあい、影響を与えあっているのだから、ここを温床とする事象を突き詰めてゆこうとすれば、いずれは無視するわけにはいかない。

もっとも極めて優れた視座を持つ筆者もまれには存在している。たとえば林屋辰三郎。この人の『京都』（岩波新書）はまさしく名著中の名著といえよう。どのくらい名著かといえば京都を書こうとするとき、それは妖怪ぬりかべのように目の前に屹立するのである。げげげのげー。もしも心ある著作家が京都本に手を染めようとするなら必ずや「林屋の『京都』があるのに本当に自分はいま書かんとする本を出版する意味があるだろうか？」と自問自答せずにはおれない。この歴史学者はまさに熟練の時間旅行家（そんな職業があるとして）のごとし。学術的でありながら、すらすら読み進めるのは過去を見渡す澱みない視界が啓けているからだろう。

林屋は『京都』だけの人ではない。それ以前に著された『祇園祭』（東京大学出版会）や『南北朝』（創元社）、以降に出版された『町衆　京都における「市民」形成史』（中公文庫）『日本芸能の世界』（ＮＨＫブックス）など、いずれも、京都以外の本も面白い。俯瞰点が高くありながら常に市井の人々の生活フィールドに根ざした書き手だからだろう。

また、観察対象の時間軸スパンが長ければ長くなるほど妙味が醸成される傾向が彼にはある。凡百の物書きでは混乱してしまってまず真似できない特殊な〝芸〟であり〝技〟だろう。

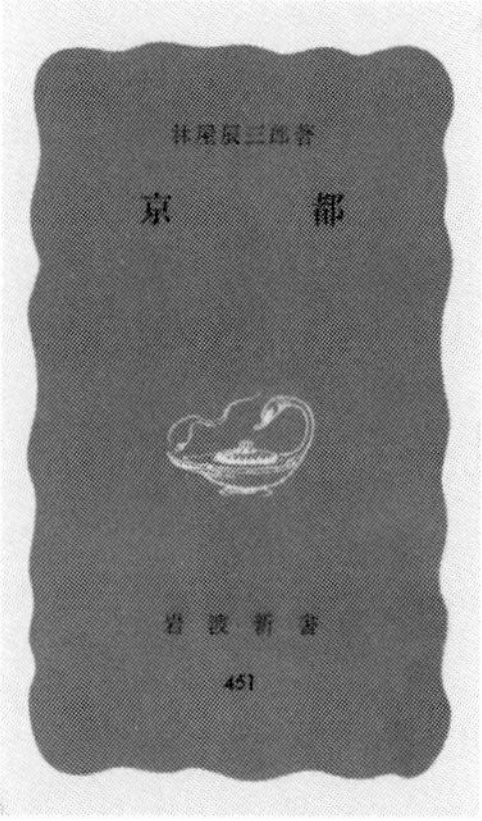

『京都』
林屋辰三郎著、岩波新書

クサすつもりもないし気持ちよく読ませてはいただいたが同じ岩波から出ている髙橋昌明の『京都〈千年の都〉の歴史』あたりと比較してみると、それは明らかである。

この人も浮遊感を感じるほどの高みから歴史を観察できる書き手だけれど、視界の消失点が霞んで林屋的に雄大なパノラマを出現させることには成功していない。

上記と併せてわたしが個人的に「岩波京都史三部作」と呼んでいる小林丈広の『京都の歴史を歩く』。彼の地に足の着いた史観は林屋に通じるゆったりと風流なものなのだけれど、視点があまりにも低いために見通しがきかない。というか、ときに解読対象が異物の陰に隠れてしまって観察ですらなくなっている。

それでも歴史学者夫婦の脇田修・脇田晴子による類書『物語　京都の歴史　花の都の二千年』（中公新書）などと比べるとずいぶんすっきりはしているのだけれど。これを読むまでに脇田晴子の著作は何作か手に取らさせていただいていて『中世京都と祇園祭　疫神と都市の生活』（中公新書）や『女性芸能の源流　傀儡子《くぐつ》・曲舞《くせまい》・白拍子《しらびょうし》』（角川選書）など外連味のある林屋辰三郎って感じで愉しませていただいていたのだが。あくまで個人的な好みの問題ではあろうが、わたしにはクドかった。

さて、林屋辰三郎の『京都』の評価は、七〇年代半ばに學藝書林から刊行された『京都の歴史』に結実する。

第一巻「平安の新京」に始まり「中世の明暗」「近世の胎動」「桃山の開花」「近世の展開」「伝統の定着」「維新の激動」「古都の近代」と続き、今後の展望をも含めた「世界の京都」、そして資料集でもある「年表・事典」の全十巻。すでに当時の【現代】から四十年も経過してしまっている九巻にはあまり意味がないし、そもそも歴史考察ではないので魅力には乏しい。ので、実質は八巻構成。

いかにも林屋らしいなあと思うのは近世にスポットを当て最大のページを割いているところ。一巻が平安、二巻が鎌倉時代。そのあと三冊半を費やしているのだ。江戸なんてないも同然である。南北朝は筆者が最も得意とする専門分野だし、彼のスペシャリテである芸能や茶道もこの時代に成立してゆくわけだけれど、それだけが理由ではなかろう。

つまり実際にどれだけの物理的な時間が流れたかという感覚的所与区分を意識的に無視し、また京都といえば平安時代！または明治維新の動乱期！という情緒的な区分に捕らわれることもなく林屋はあくまでいまを生きるリアルな京都の源流、地下水脈を傍証する作業に徹したのであった。

すなわちこういうことだ。雅やかなる京都の平安京イメージは、応仁の乱で一度おじゃんになったあと近世に再編成された精緻な模造品にすぎないのだから、現代へ至る道標として語られるべきは当然ながら本物の平安ではなく近世の姿であるべきだろう——という。

このシリーズがあったからというわけでもなかろうが、京都市が編纂した『史料 京都の歴史』（平凡社）はオフィシャルな都市の正史でありながら日陰の匂いが漂う興味深い作りだ。日陰といって悪ければ露地《ロージ》の奥の湿った昏がりの香り、町屋の通り庭に満ちる薄明りのアロマが起ちのぼる。「概説」「考古」「政治・行政」「市街・生業」「社会・文化」の五巻に加え各行政区ごとに十一巻を刊行している。

けっこうお高い本なので、わたしは第六巻の「北区」と自分が生まれ育った次の「上京区」で買うのをやめてしまったけれど実際のところは最初の五巻よりもこっちのほうが面白かった気がする。

版元の解説によれば「市民みずからが発掘した史料にもとづく本史料集は、従来の史料集とは異なり、史料の機械的羅列を避け、有機的に京都の歴史を理解しうるように編集（後略）」したそうで、購入した二冊だけを読んでも、かなり蠱惑的な情報が満載であった。

ここで入江からのお願い。あんなあ、へぇ。京都を舞台にした歴史ロマン的なものを志向する作家の皆々様方に於かれましては、どうぞ何卒かくなる京都人の体臭をたんまり嗅いでから筆を執っていただきたく存じ上げ候。あなあなかしこ。

九四年に出版された『京都 歴史と文化』全三巻（平凡社）は、この『史料 京都の歴史』の普及版として作られている。はっきりいって書籍としての出来はこちらのほうがいい。読ませる工夫があるというか読者をちゃんと意識しているから。

内訳は「政治・商業」「宗教・民衆」「文化・行事」だが、読み始める前は最も食指が動かなかった最初の一冊が一番好奇心を刺激してくれた。京都人という人種の〝ヘンな奴ら〟感があにはからんやたっぷり滲んでいたからだろう。

おそらく最後に開いた京都の歴史本は梅原猛の『京都発見』シリーズ（新潮社）だ。氏が現代を代表する進撃の知の巨人であることは疑いようもない。しかし第一巻の「地霊鎮魂」を読了したときの気持ちは、なんとも言い難かった。

『京都発見（1） 地霊鎮魂』
梅原猛著、新潮社

梅原曰く「京都は歴史の冷凍庫」であるらしい。が、冷凍してあっても腐るものは腐るのだ。ある年齢層以上の冷凍冷蔵信仰は盲目的である。台所にある白い四角い箱に入れてさえおけば食物は永遠に新鮮なままだと信じ込む。以前、お隣に住む老婦人を訪ねたとき賞味期限が十年前のジュースを出され、頑なに固辞するのも気まずくて必死でうやむやにしたことを思い出す。十年前でそれなのだから、まして凍っていたとしても千二百年をや。

確かにこれは〝鎮魂の書〟ではあるのだろうなとは思う。梅原にとって京都は死んでいるのだ。歴史に人の体臭を嗅ぎ取ろうとするような人間には不向きといえよう。

はんなりほっこりの地表の下をさぐる

歴史本が京都の全体像を把握するための縦糸だとすれば、横糸に相当するのは地誌であり、あるいはより端的には地図であろう。そのせいか京都人は大の地図好きで、かつては市内各エリアに専門店が暖簾を出していた。いまや洛中の目ぼしい地図屋といえば『関西地図センター』を残すのみとなったのは寂しい限り。もっとも普通の新刊書籍店や古書店でも、しっかりとした地図コーナーを設置しているところを見かけるのはやはり市民性か。

わたしは日本に帰るごとに『京都府立総合資料館』へ赴き、いろいろ資料というかネタを漁ってくるのだが、此度は地誌類をデジタル撮影、データベース化したものを繰ってきた。点数は七十ほどでおおよそ一万ページ余だが、それなりに読みでがあった。が、非京都人《よそさん》がこれらを頼りに都市のガイドラインを把握しようとすると少々難易度が高い。むしろ新創社編『京都時代ＭＡＰ』シリーズ（光村推古書院）などのほうが見えてくるものは多いかもしれない。

『京都時代MAP 幕末・維新編』
新創社編、光村推古書院

Time Trip Mapと銘打たれた大型本は現在までに「幕末・維新編」を皮切りに「観光文化」「安土桃山編」「伝統と老舗編」「平安京編」の五種が刊行されている。これらの特徴は現代地図と歴史地図をレイヤードしたところにある。色刷りの古地図の上に同じ縮尺に直されたいまの地図が印刷されたトレーシングペーパーを重ねて見られるようになっているのだ（特許出願中だとか）。

京大が尾張徳川屋敷と土佐山内屋敷の跡地に建てられているとか、京都市役所は本能寺が焼け落ちたあとに移転した土地を切り崩して造られたとかといった土地の出自、来歴を知るのは単純に宝探しめいて面白く、また都市の性格を知るための精神分析にも似たどきどき感もある。大型本なので持ち歩くには面倒くさいかもしれないが、いわゆる〝聖地巡礼〟の手引きとしては、これ以上のものはなかろう。

人文社から古地図ライブラリー別冊として、それに特化した『再現地図・現代図で歩くもち歩き幕末京都散歩』なる単行本も出版されているが、こちらは若干恣意的なので使い勝手はたぶん前者のほうが優れている。ただし自分にはその趣味がないので断言はできないけれど。

それにしてもまあ、たくさんの地図が存在しているもんだなあ。京都って場所は。実のところわたしは意匠としての地図には惹かれるけれど、地図を読むのが苦手だ。「いいなあ」と眺めてはいるけれど、どこまで読めているかは甚だ疑問だったりする。なので目に付くと読解法的な書籍は買うようにしている。のだけれど、これが実際の地図以上に役立たず。

〝歴史の謎解き〟めぐりという惹句に嫌な予感はしたけれど『京都を古地図で歩く本』（河出書房新社）とか、むしろ読後に混乱しかなかった。軸足が地図ではなく歴史のほうに置かれているからだろう。ただし本書には膨大な参考文献が記載されており、これは役に立つ。あ、お間違えなきよう。謎解き部分はかなりエキサイティングである。引き込まれるミステリもＴＶ的ではあるがかなり紹介されている。

類書は数多いが傾向も同じで『図説 歴史で読み解く！京都の地理』（青春新書インテリジェンス）『京都「地理・地名・地図」の謎』（じっぴコンパクト新書）などもテクスチュアや読後感はとても似ている。とはいえ前者を書いた正井泰夫は地理学者のおじいちゃん、後者を著した森谷尅久は『京都市歴史資料館』初代館長を務めた京都人の学者さん。書き手の違いが文章や取り上げるエピソードに表れている。

存外ちゃんとしてると思ったのが『京都の道はややこしい』（光文社知恵の森文庫）。取り上げている逸話のセレクションバランスがよい。「ややこしい」という京都語のニュアンスが本の性質をよく伝えているし、なによりフラットな感じが、それこそ地図っぽさを醸し出すことに成功している。おそらく自らの足でエピソードを蒐集したのではなく、上記したような書籍からよりぬきしたのだろう。

京都について書かれた本はおそらく一般の読み手が想像している以上に発行点数が多く、同工異曲から拾ってゆくだけでそこそこのクオリティに達する一冊を作れてしまう。それゆえ【京都本】なるジャンルは自己増殖のごとく書店の書架を侵食してゆく。真に読むべき本は（たとえ良書だとしても）さほどないのであった。

たぶん近年で最も読むべき京都本のひとつは『京都の凸凹を歩く』（青幻舎）だろう。著者の梅林秀行はプロの文筆業ではない。京都高低差崖会崖長——というよりＮＨＫの娯楽教養番組『ブラタモリ』出演者としての認知がほとんどだろう。しかし決してタレント本ではない。かなりディープな振り切った内容の都市論である。

地形高低差に主眼を置いたフィールドワークから様々な過去のフェノメナを導き出す研究は昨今かなり盛んになっており、タモリが司会する前述の番組でも相当の頻度で凹凸読解の手法が散歩の味わいを増す旨味調味料として用いられていた。

本書に先立つ『京都お散歩凸凹地図』（実業之日本社）はまさに流行の魁《さきがけ》で発表された類書で、丁寧な検証を元に書かれているが、メインライターの地図研究家・今尾恵介、東京スリバチ学会会長・皆川典久、同学会副会長でランドスケープデザイナー石川初のお三方がよそさんである弱みも散見。【京都】という強烈な磁場に意識が引きずられていないがゆえの客観性が気持ちよいパートもなくはないけれど……。

たとえばエリア概要＋ガイドとしてサンプルアップされた散歩コースの安っぽさ、陳腐さには閉口せざるを得ない。さきほど旨味調味料の比喩を使ったけれど、そういうものを多用しすぎると料理が画一的な味になってしまうように、まさにファストフード的なルートばかりの羅列で、だめだこりゃな気分にさせられる。

よそさんが京都を歩き、その愉悦を本にしたときの隔靴掻痒感は厳しい。『京都おもしろウォッチング』（とんぼの本）『京都、オトナの修学旅行』（ちくま文庫）などを一読していただけばわかるけれど、赤瀬川原平ほどの観察巧者の筆ですら財津一郎が叫んでしまうほど厳しい。

『京都の凸凹を歩く
高低差に隠された古都の秘密』
梅林秀行著、青幻舎

その点『京都の凸凹を歩く』は、やはり京都を書くのは京都人でなきゃと感じさせてくれる。〝今に伝わる「ゲニウス・ロキ（地霊）」のブランド力〟とか〝盆地の街、京都の内側に更なるガケの存在があった〟とか、レオ・レオーニというには学研の雑誌っぽいけれど偽科学書めいた大真面目の胡散臭さもあって、ぐいぐい引きこまれる。売りになっている3D凸凹地形図は想像していたよりショボかったが、それもご愛嬌。それなりに古地図も掲載されている。

ただし問題はなくもない。現存する高低差を調査するだけでは見えてくるものは半分だってことを筆者は知っているはずなのに本書では意識的に避けているからだ。おそらく話の混乱を避けたかったのだろう。しかし地表の凹凸下には当たり前に最大十五メートルもの高低差が現代と過去では存在している。その側線データがすでに開陳されているのだから逃げちゃ駄目だ！

いつの日も、はんなり、ほっこり、おこしやす的な表面上のイメージだけが語られてきたこの都市は地誌学のフィールドにあっても表面をなぞられるだけなのか。

きっと京都を解読する手引きとしては、むしろ地誌学というよりは地学的な見地からの観察なのだろう。京都地学教育研究会編『京都自然紀行　くらしの中の自然をたずねて』（人文書院）などを繙くと、すんなり京都の成り立ちや、暮らす人々の人となりが理解できる。

藤田昇・遠藤彰の『京都深泥池《みぞろがいけ》　氷期からの自然』（京都新聞出版センター）なんかもそう。この都市におけるイメージと現実の高低差に耳キーンとなっている者にはよい癒しとなる良書であった。

深泥池はタクシーの乗客が消えていてシートがぐっしょり怪談の発祥地であり、京料理に欠かせない蓴菜《じゅんさい》の産地であり（蓴菜は京都人の性格をシンボライズする符丁であり）、遷都前の姿を伝える遺構であり、沈んだら浮いてこられない底なし沼であり、独自生物の宝庫であり、天然記念物がぷかぷか浮いてるヘンな場所でもある。そのすべてが書かれた本はないものか。

化かし上手な京都ガイドブック

いまや純粋な意味で【京都ガイド】を必要とするひとなどいるだろうか。わたしが最初にそう感じたのはウェブサイト上に京の誇る一大ラーメンチェーン『天下一品』各店の詳細なレポートを発見したときだった。あれは、まだ（というか、「もはや」というか）九〇年代半ば。偏執狂めいて微に入り細に入りレポートされていた。

もちろん作り手は〝名無しさん〟である。なので、そこにある情報の精度にはなんの保証もない。だが、そこに横溢する、こってりラーメンへの愛情はまさに本物であり、おそらくは京都を跋扈する怪しげな食評論家、レストラン批評家（そのほとんどは、よそさんであり文筆を本業にもしていない）よりよほど丹念で正確な仕事をしていることは明白だった。

ああ、もうプロが街を案内する時代ではないのだ。――当時は漠然とした感慨だったけれど、かくてそれが現実となった現在の状況は想像を遥かに超えている。「行きたい場所」「食べたい店」「買いたいもの」を発見し、そこに辿り着く段取りはすべてPC経由、いやケータイなりスマホなりといった端末を現地で歩きながら操作して入手するのが常識になってしまった。

それでも、にもかかわらず、おそらくは時代と逆行するように雑誌の京都特集やガイド本の出版はちょうどその頃を境にめきめきと増加してゆく。

なぜか？　答えは簡単。売れるからだ。奇妙な話ではある。人々は実地で使う資料はすべてウェブで賄うようになり、そのうえでなんらかの動機、衝動からそれらを購入するようになったのであった。

いまの京都なる都市の性質を活字媒体から読解しようと試みるならば、その理由の論考は不可欠だろう。が、それらが顧みられることは少ない。運命的に読み捨てられる活字と想定されているからかもしれないし、作り手も「どうせ」と粗製乱造してその傾向の加速に加担してしまっているケースも散見される。

そんな状況にあって、当時『Meets Regional』と『Hanako WEST』は京都特集を定期的に掲載する雑誌の両雄であった。男性誌と女性誌という違いはあれど男女を問わず愛された。それまでの決まった〝京都らしさ〟のフォーマットに捕らわれることなく次々と良質なガイドを読者に提供していった。もしかしたら出版界全体の京都特集ブームそのものが二誌に牽引されていた可能性も否めない。

ただ、両方ともに最初から魅力的だったわけではない。現在の時点で読み返しても古びていないのは『Meets』なら九三年〜〇五年にかけて、『Hanako』は〇六年〜〇九年頭にかけてだろう。すなわち前者は江弘毅が、後者は北脇朝子が編集長を務めていた時代だ（実際は『Meets』に脂が乗り出したのは九〇年代後半からの印象があるけれど、それはさておき）。

おそらく東京のメディアは二誌の快進撃を関西に拠点を置いているがゆえの地の利のアドバンテージだと考察していたかもしれないが、実はふたりの名関西人編集者の辣腕によるものであった。

江の大阪人的な革新性が感知した京都。北脇の京都人的な職人気質によって掘り起こされた京都。表面的な誌面のヴィジュアルは当然異なっていた。けれどいずれからも町衆の体温、体臭が漂った。

仕事として関わった雑誌、関わらなかった雑誌、それなりの京都特集にわたしは意識的に目を通しているはずだが、M誌かH誌に引き摺られちゃってるケースが本当に多い。なかには景気よくパクってるものすらある。これも「どうせ」の所産なのだろうが、お見通しでっせ。

両誌以外で比較的よくできているといえそうなのが『エスクァイア』〇二年四月号の「京都だけが知っている。」。本質的にこの雑誌が嗜好するスタイリッシュさとは真逆の土着的京都を泥臭くならずにまとめあげている。たぶん全国誌で〝らしさ〟から脱却して一歩洛中の深みに踏み込んだ、かなり初期の一冊だったと記憶する。

　踏み込んだといえば新潮社『考える人』〇三年秋号の「異文化都市「京都」を楽しむ・考える」もかなりディープな域にまで到達した京都特集だろう。いっそ、なにもガイドしていないのが清々しい（笑）。たぶん、このあたりでウェブと活字による情報濃度が完全に逆転してしまったのではないか。もはや京都特集に地図や紹介店のスペックは無用となったのだ。

　書き手のチョイス、ピックアップしたものや場所のコンテンツ、写真のクオリティ、温故知新のバランス、なによりも読者を京へ誘う引力の強さ、あらゆる指標でいまのところ究極の京都特集と断言してもよさそうなのが『ku:nel』一〇年七月号「京都のこみち。」と一三年七月号「京都のはしっこ。」の二冊。これは、ほんまによーできてるわーと京都人をも唸らせた。マガジンハウスが『Hanako』を経て蓄積してきた京都特集のノウハウの集大成だ。

『ku:nel』
2010年7月号

　京都のように時間の流れが他都市とは違うような街でも、ガイドにはある程度の時事性が求められる。なので基本的には雑誌に向いているのだろうし、役目をウェブに取って代わられたのもムベなるかなではある。だが、単行本として出版されているガイドにも見るべきものがある。

なかにはガイドの威を借る狐みたいな本も存在していて、読者をまんまと化かしたりするから油断ならない。ちなみに褒めている。だって正統派など前述したようにもはや意味ないんだから。プロの京都ガイド書きたるもの化かし上手であれかし。

件の江弘毅の著書のなかでは『京都・大阪・神戸 店のネタ本』（マガジンハウス）などが上出来の狐ガイドに仕上がっているが京都に絞ったものはまだ上梓されていない。『飲み食い世界一の大阪 そして神戸。なのにあなたは京都へゆくの』（ミシマ社）を読んで考えたが、基本的に比較文化論的な考察が彼の真骨頂なのかもしれぬ。

江が発掘した（？）バッキー井上の『京都店特撰 たとえあなたが行かなくとも店の明かりは灯ってる。』（140B）。文章力や修辞の点で問題は多いのだが、ものすごく楽しかった。これぞ時代に求められているガイドだとすら思った（いや、勘違いだったけどそんな気にさせられる）。

ただし書き手本人のキャラクターで客寄せするのは飛び道具。ガイドは読者が追体験できることが記されていなければならない。絶対条件である。その点でバッキーの【体験】はあまりに個人的すぎる。ベクトルは正反対だがコネに頼った取材で一見さんお断りを並べるおハイソ系女性誌も同様。その手の雑誌には「（どうでも）よろしおすな」以外なんの感情もないが。

京都というのは独自に淫靡な人間関係に基づいて運営されている。ものを売る、買うという単純な経済行為にも段取りがあり、従うべきルールがある。そんなシステムにおいては取材もただのパブリシティではない。実際、ライターにとって京都ガイドほど厄介な仕事はない。なんという雑誌の誰某がどこの老舗でどんな失礼を働いたかが翌日には同業者の間に知れ渡り、永遠に語り継がれる、ここは都市なのだから。

わたしが知っている限り、このややこしい人間関係の荒波をすいすい泳いできっちりした仕事をこなしているのは高橋マキただひとり。もの凄い数の京都特集で細かな仕事をきっちりとこなす手腕は見事というよりない。ぱらぱらとページを捲っていて「ええ感じやな」と指先が幸せを感じたら大概は彼女が文章を書いていたり、店をセレクトしてたり、コーディネートを務めたり、その全部をこなしたりしている。

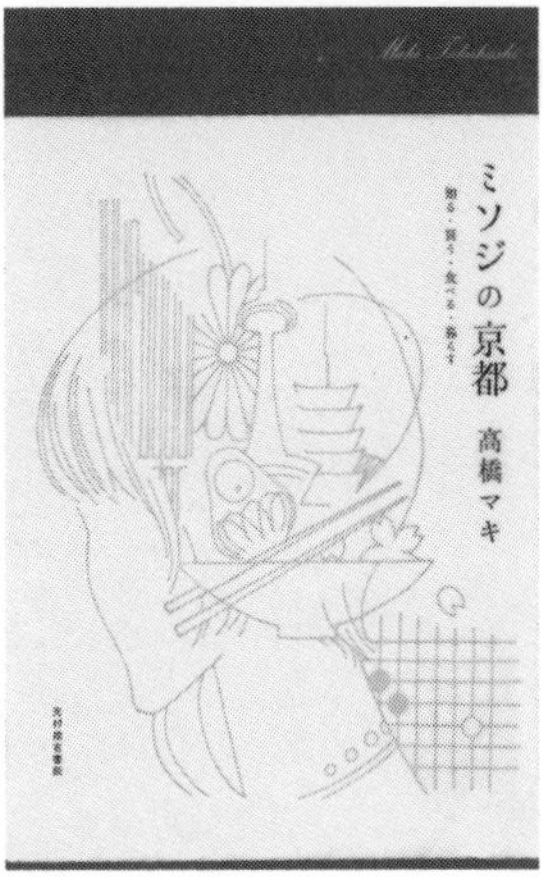

『ミソジの京都　知る・買う・食べる・暮らす』
高橋マキ著、光村推古書院

個人名義単行本はいまのところ『ミソジの京都』（光村推古書院）『読んで歩く「とっておき」京都』（三笠書房王様文庫）『ときめく和菓子図鑑』（山と溪谷社）の三冊。キャリアの割には少ない。どれもいい本だが彼女はもっと突っ込んで書ける人。チャンスを与えられるべきである。

最後に京都の小さな出版社ユニプランが毎年

改訂版を重ねながら出し続けている超実用向ガイド『乗る&歩く 京都編』を紹介しておきたい。メインターゲットは修学旅行生らしいが、もはやタクシー観光がメインストリームとなった彼らは見向きもしないだろう。活字ガイド氷河期をなんとか淘汰されず生き残ってほしい。

つーか、こちらの会社にはぜひこれまで積み重ねてきた知識を総動員してロンドナー必携地図『A to Z』の京都版を完成させていただきたいと期待しているのだが。

京都的出版の源流

著者にとって自分の本を置いてくれない店は敵である。これは売れっ子でも変わらない。小さな店だと「配本してもらえない」パターンなんかもあるわけだが、それくらい世間知らずの作家だって判別できる。

そんなわけで『恵文社一乗寺店』はわたしの敵であった。大変な人気店だし、セレクトも素晴らしいと評判だ。が、いつ何度訪ねても欲しいと思う本が見つかったためしがなくて、この店がけっして自著を並べてくれようとしないことに妙に納得できたりもした。敵ながら天晴《あっぱれ》。

もちろん毎日のようにチェックしに行ったわけではないから知らぬうちに売っててくれてたかもしんない。が、以上のような話を飯屋でしてたとき実は後ろの席に店長の堀部篤史がいたそうで、反論してこなかったところをみると、やはり敵らしい。

そんな堀部のことを、ちょっと、いや、かなり見直したのは彼の『街を変える小さな店』

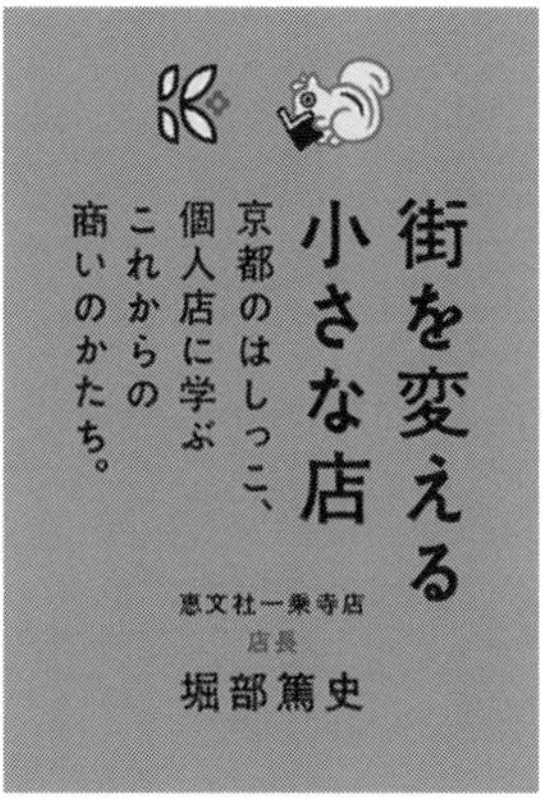
街を変える小さな店
京都のはしっこ、個人店に学ぶこれからの商いのかたち。
恵文社一乗寺店
店長
堀部篤史
『街を変える小さな店 京都のはしっこ、個人店に学ぶこれからの商いのかたち。』堀部篤史著、京阪神エルマガジン社

（京阪神エルマガジン社）を読んだからで、これが非常に熱い内容であった。熱い本というのは熱さに比例して恥ずかしくなるものだけれど理詰めの筆致は快い。プロ作家というには構成が稚拙だけれど文章力もある。

もちろんあの店が「「地元になくてはならない」「京都らしい」と感じる（中略）個人店の現場を見直」した結果だと書いてあると、なおさらわたしの本を扱ってくれなかった事実に恨みは深し七里ケ浜に佇んでいるような気分にはさせられたけれど。だって、わたしは常にそういう本を書きたいと考えて筆を走らせてきたのだから。

ただ、そこに書かれている理想像が現在、取次店を通さない書籍の新刊書店『誠光社』という形で現実化しているのはすごいことではある。残念ながら欲しい本はやはりさほどなくて、とことん気が合わないのだなと再確認もさせられたが（笑）。塩を送る気持ちで本書をもう一冊購入してきた。

ただ、現場の人間によって公言されたことには大いに意義があるけれど、そしてそれは宣言といっていいほど力強く頼もしいものでもあったが、彼の言葉にはさほどオリジナリティはな

い。京都という都市はむかしから独自の出版文化があり、それぞれの出版社は個性的でありつつ、いずれも「地元になくてはならない」「京都らしい」本を作ろうとしてきたからである。そして本屋は、そういった地元出版社の書籍を大切にしてきた。なにも恵文社だけが特別ではない。

こんな話をしていて倒産してしまった会社から書くのも縁起悪い気がしなくもないが『京都書院』の活動は本当にユニークであった。書店経営もしており、こちらも面白かった。和・洋・新・古あらゆる美術書が揃った実に素晴らしいショップで、規模的にはともかく東京にもロンドンやパリですらあれだけの質を伴った美術書専門店は例がなかった。物足りない部分は採算を度外視して自分たちで出版してしまってたんだから、そりゃまあ潰れもするさ。である。

こういった京都的出版の源流を探ると行き当たるのが『甲鳥書林』と『臼井書房』。それらを知ったばかりのミニ入江（すでにうすらデカかったが）は、すっかり夢中になって洛中を漁ったものだ。

『甲鳥書林』は吉井勇、武者小路実篤、中谷宇吉郎、川田順らを中心に堀辰雄や高浜虚子などの著作を発表してきた、いわゆる京都文壇の華であった。中川一政ら一流作家による耽美な装丁も見事。版を重ねたものもけっこうあるので丁寧に古書店の棚を眺めてゆけば見つかる可能性が高かった。翻訳物もかなり手掛けており、こちらはＳＦから少女小説まで幅広い。

戦前、数々の質の高い現代詩、現代句の単行本を出版し、並びに『詩想』『詩風土』といった雑誌を刊行していたのが『臼井書房』。丸山薫は「京都の町が半ば仄《ほの》ぐらい因襲の庇の下にあるやうに、臼井喜之介にもそんな影の世界がある」と創始者の処女詩集に献辞を捧げている。のちにその京都的体質を受け継いで後身である『白川書院』は全京都の公器的な月刊誌『京都』を発行した。これも七九年に倒産したものの、すぐさま再生を果たし雑誌も健在。この強かさ、しぶとさもまた京。

ターゲットとしては『幻影城』と並んでミステリコレクターが多い雑誌『ぷろふいる』の『ぷろふいる社』も京都発。この街が、こんなジャンルまでカバーしていたとは驚きだ。のちの京都が本格推理揺籃の地となるのもムベなるかな。木々高太郎、小栗虫太郎、城昌幸ら豪華メンバーが執筆していた。近年再評価著しく『幻の探偵雑誌①「ぷろふいる」傑作選』（光文社文庫）なんてのも出ているので興味のある方は手に取ってレベルの高さに刮目していただきたい。京都という奇妙な街を知る手引きとしても読める。

知っている範囲でどこよりも京都臭をふんぷんとさせていたのは『湯川書房』。こちらは事業的な問題ではなく、ご主人であり自社の出版物の装丁家でもある湯川成一氏の逝去によって突然の終焉を迎えた。上記の会社に比べても、それこそ個人営業のごくごくささやかなお商売をされていたが、彼の仕事は本好きなら好きにならずにいられぬものばかりだった。

氏は大阪人であり、もともとは大阪に事務所を構えていた。どう考えても留まっていたほうがビジネスとしてはよさそうなものだが、なんだか流れ着くように、個人的には予定調和のように京都に来られて腰を落ち着けられた。そのあたりも京都における出版の空気みたいなものを物語る一例といってもいいかもしれない。

生前、吉野朔実を連れていったときは大喜びだった。「なんて綺麗なのー。もう内容なんてなんでもいいわ」と彼女が感じた〝最も美しい一冊〟を選んだ。ねえ、共著で本を出してもらおうよ。なに書こう？なんて話していたのに。ふたり揃ってあちら側の住人だなんて未だ信じ難い。

反体制、反中央的な意識。しかし甲鳥、臼井から京都書院、湯川まで、それらの出版社の書物から漂うのは、思想の押し付けではなく、あくまで書籍というエンターティンメントの本分を忘れない〝しなやかな対蹠〟であった。高踏的ではあるが背馳的ではない。諦念の底で寛いでいるような風情。

ああ、そうか。恵文社には、この【寛ぎ】がないから、わたしには居心地が悪かったのかもしれないいな。いまの誠光社には隣に『アイタルガボン』という寛ぎがある意味はおおきい（スパゲティは大盛にせんとちーちゃいけど）。

現役組だと写真集を得意とする『光村推古書院』や茶道関係書籍の元締め『淡交社』、『京都書

『ガケ書房の頃』
山下賢二著、夏葉社

院』の志を継いだようにアーティスティックな『青幻舎』などなど、それぞれが良書と評してかまわない本を作っている。ただ残念ながら、そこには京の失われた出版社が持っていた香気はない。気概はあっても経済行為として出版を続けていこうとしたら、やはりおもねる必要があるのだろう。きぐしねいです。

現在、在京都で京都についての書籍を最も多く手掛けているのは『京都新聞出版センター』だ。地元の利を活かした緻密な本作りは、ときに読者を想定《マーケティング》していないのではないかと笑ってしまうくらいマイナーなネタも活字にしてしまう。そういう観点からも京都らしい京都の出版社といえるだろう。

が、こちらには恵文社以上の遺恨をわたしは持っている。京都新聞社は当然京都新聞を発行しているわけだが、そこにはベストセラー欄というものがある。京都新聞だから京都府下の調べだ。ここで自著の『京都人だけが知っている』（宝島SUGOI文庫）が六週連続一位を継続した。この本は全国的にはそこそこだったが京都ではバカ売れしたのである。

なのに、京都について京都人が書いたそれを京都新聞はガン無視したのであった。ちなみにトップテンには三ヶ月も粘ったけれどなんの音沙汰もなかった。全国紙でもかなり取り上げられたし、日経関西版などは記事扱いで「真実の京都を読み解く」のがブームだと分析していたのに、だ。もし記者が誰も気づかなかったのだとしたら、かなりアンテナが鈍いといわざるを得ない。まあ、こういうことを書いてしまうような人間なので嫌われたのカモだが。

ところで誠光社で堀部篤史の著書を購入した翌日、恵文社一乗寺店と並び称された名物書店『ガケ書房』がリニュアルオープンした『ホホホ座』を偶然にも発見。ここでオーナー山下賢二と、コンビの三島宏之の共著、出版されたばかりの『ガケ書房の頃』(夏葉社)を入手した。

ガケはわたしの敵ではなかったけれど堀部と山下の考え方には似たところがある。もっともこちらは熱いというよりは正直でリアルな言葉で綴られており、これぱかりは正反対だった寛ぎに充ちた店の雰囲気そのまま多幸感《ユーフォリア》に満ちた書店論＝都市論になっていた。うん。名著である。

〝よそさん〟の書く玉虫色の京都

人は見たいものしか見ない。また、見たいようにしか見ない。

どれだけの実証と経験談、プラグマティズムを以て説伏にかかろうとダメ。それは偏見とか視野狭窄とかそういう知性の問題ではなく、おそらく本能的に結果ありきで生きている人が社会の半数を占めているって、ただそれだけのことなのだと思う。

それゆえいつまで経っても「英国は不味い」し「イタリア男は女たらし」である。きっと彼らにとって「ゲイはおかま《ドラアグ》かペド」で「イスラムはテロリスト」なのでもあろう。ドラスティックな話をしているのではない。完全に同じ思考経路だ。

「京都人」の場合、このシナプスにあてはめると一も二もなく「イケズ」に収斂されるわけだが、これが「京都」となると若干事情が変わってくる。あまりにも重層的なので結果ありきで生きている人達には可視化できないのだ。イメージが固まんないわけ。

もちろん、これはありがたいことではある。気持ち悪い形にまとめられちゃうよりは有耶無耶で曖昧模糊な、鵺の啼く夜は恐ろしい都市であり続けてほしいものだ。

そもそもわたしが京都についてのエッセイを書こうと考えるようになったのも固まりかけていた陳腐なイメージをぐちゃぐちゃにしたいがためであった。

麻生圭子という作詞家の『東京育ちの京都案内』（文春文庫）という本がすごく売れているらしいと聞き及び、どれどれと繙いて「えらいこっちゃ」と危機感を覚えたのが実は動機のひとつなのである。

この本はチャーミングな本だ。彼女の言葉のセンスはさすが専門家、喚起力があり、これが京都の本でなければ（まあ、だったら手に取らなかったろうが）面白く読めたかもしれない。けれど、わたしには許せなかった。わたしの愛する京の玉虫色の魅力が、いくらチャーミングであっても画一的なピンクに染められ「京都ってピンクで可愛いッ」と主張されちゃうことに恐怖をすら覚えた。それも〝ピンクが好きだから〟というだけの理由で。

玉虫色の中にはピンクだって混ざっているが当然それがイコール京都ではない。そこんとこ夜露死苦である。

いくら表面的にポジティヴでもプロセスが同じなら差別の原因となる思考パターンに押し込められ塑造され、ぱこんと開いた頁の間から出てくるイメージは偽物だ。『極楽のあまり風』

（文春文庫）『京都がくれた「小さな生活」。』（集英社be文庫）など何冊か読ませていただいたが京都を描いた彼女のエッセイはみんな偽物だった。

　だからって成型京都に値打ちがないわけではない。冒頭で述べたように社会の半数は見たいようにしかものを見ないのだから。なかには『いけずな京都　ふだんの京都』（講談社）みたいに成型しそびれぐずぐずになった本もあるが。イケズを語るんやったらイケズがなんかくらい解ってからにしはったらええのに。よそさんは愉快やねえ。

　すべての書籍は各個人、己の視座による観察記録なのだから誰が書こうが京都を語ればそれは成型ではないのか？という意見もあるかもしれない。しかし意識的に誤謬を犯すか否かでも結果は異なってくる。麻生始め多くの非京都人《よそさん》作家はしばしば無意識に成型を生産するので質が悪い。

　けれど同様に無意識に筆を滑らせていても、たとえば渡辺淳一くらいの大作家になると、なんだかトンでもないものをぶちかましてくれるので油断ならない。

　この著者のベストセラーの一つに『鈍感力』（集英社文庫）がある。これはまさに「見たいようにしか見ない」ススメであり読んだときは開いた口が塞がらなかった。だが一見テクスチュアの似通った石原慎太郎の著書みたいに怒りが湧いてこないのは渡辺には僻みや嫉《そね》みはおろか凡そ悪意がないからだろう。

『わたしの京都』（講談社文庫）はまさに京都本における『鈍感力』ともいうべき怪著。わたしましたわ、と回文で感心してしまいそうな眩暈のごとき読後感を味わった。

文中で成型される京都像は、それこそ麻生どころではない、ほとんどファンタジーの世界なのだけれど、それがファンタジー＝美しい偽物であることを前提とした【花街《かがい》】だったりするので京都人はにっこり優しく大作家に「（どうでも）よろしおすなあ」と微笑んでさしあげられるのだ。

それにしても京都は厄介である。上野敏彦の『神馬《しんめ》』（新宿書房）はかつて千両ヶ辻と呼ばれた一大織物街西陣の幹線であった千本通りにある老舗居酒屋を丁寧に取材した良著。渡辺の描いた祇園とは正反対のリアルな京都がそこにはある。行間から町衆の体臭が漂ってくる。いい本だし、ぜひ読んでいただきたいとお勧めはするが、やはり眉に唾をつける必要があるのだ。

なぜそう言えるか？　神馬は実家から徒歩五分。祖父の行きつけで、わたしは五十年前からこの居酒屋を知っているのであった。きっと、でなければこの巧妙な擬態に気づけなかったろう。京都人なら成型か自然体かすぐ見抜けるってわけじゃないのだ。

『神馬　京都・西陣の酒場日乗』
上野敏彦著、新宿書房

というか見分けられなくてなにが悪いってケースだってあるしさ。今日びのネット民みたいになんでもかんでも、それこそ糞味噌一緒にパクリパクリと騒いでいてもいいことなどなにもない。

ただ個人的には——京都は正体が掴めない、蓴菜のような都市だ。が、自分はこれこれこういったところに惹かれてついつい上洛してしまう——といった愛情、敬意、あるいは畏れと表現しても構わないが、この古都に対する敬虔な態度をとりわけよそさんの書き手には期待したい。

松本清張と樋口清之の共著『京都の旅』（光文社文庫）などは、まさに理想的な間合いで京都を眺めていると思う。碁盤の目で心地よく暮らす秘訣は人間関係の塩梅よい距離感を会得できるか否かだといわれているが、さすがというべきか松本はもっとも京都が見えやすい観察しやすい距離をとってこのエッセイをものしている。

玉虫色は玉虫色のまま。ピンクに見えるところは「私の網膜にはピンクに映っているのだが、さて如何に？」というスタンスを崩さない。「京都ってピンクで可愛いッ」と叫びながら安っぽい桃色偽京都をぱこんぱこん粗製乱造成型し続けているような人は（誰とはいわないが）膝を正してこの社会派巨匠の著書を一読すべし。

いや、松本は例外ではない。よそさんであっても京都人が恥ずかしくないエッセイを書く人はいくらもいる。

高橋英夫の『京都で、本さがし』（講談社）なんかもそうだ。彼も絶妙な間を取って京都を言語化している。どちらかというと前回の「本屋／出版社」テーマに相応しい本だけれど、どうしてもこちらに回したくて取っておいたのだ。本好きならば必ずじんわりといい心持になれる名著である。

酒井順子の『都と京』（新潮社）もそう。これなど玉虫色を言葉で可視化していて驚いた。なんでこんな離れ業ができるんやと京都人なんかはハナから諦めているところがあるので感心しきりであった。

ピンクの偽京都を抱えて大路小路を右往左往している見たいようにしか見ない属・勝ち犬科の人々を横目に悠々と京都を愉しみつくす様は痛快ですらある。自分を負け犬呼ばわりするだけあって、どこか怖がりなのか素晴らしく優れた距離感をお持ちなのかもしれない。彼女のように京都を愉しめる人は京都人でも少ない。

ところで当連載のテーマとして写真集を取り上げる予定だったがやめたという経緯がある。そもそも書架に目を走らせても数がなかった。このジャンルに興味がないというのではない。一葉一葉は美しくとも、よそさんエッセイストの文章のような京都写真がほとんどだからだ。被写体としての京都は言葉で描き出す以上に画像によるアプローチが難しいのだろう。

そういう意味で甲斐扶佐義は数少ないピンクでも偽でもない都市の姿態を活写してくれる稀有なフォトグラファー。京都人臭ふんぷんだが実は大分生まれのよそさんなのよね。彼は文字を綴るように写真を撮る。『ほんやら洞』店主としての顔が知られているけれど、チャンスがあったら是非とも写真集を手に入れてほしい。

『夢の抜け口』
杉本秀太郎著、甲斐扶佐義写真
青草書房

お勧めは『地図のない京都』（径書房）だが、個人的には杉本秀太郎の文章に作品提供した『夢の抜け口』（青草書房）がどれよりも好きだ。渡辺淳一ではないが、これこそ入江敦彦の「わたしの京都」といって差し支えないかもしれぬ。

非プロ作家のフツーの京都

前回、甲斐扶佐義の撮る京都について触れたが、この都市を闊達に切り取れるフォトグラファーはほかにも多くいる。端正な真顔で冗談を言うような東泰秀の作風は京を採捕するのにとても適していた。内藤貞保の手を伸ばせば触れられそうな世界の切り取り方も大好きだ。瞬きでシャッターを押すような写真を得意とする鈴木理策もまた書き割りめかないリアルな古都の美しさを垣間見せてくれる。

洛中風景をまとめた彼らの一冊はまだ上梓されていないが、おりおりにつけ仕事は気にするようにしている。

その鈴木理策がカバーと挿入写真を担当していたことで、手にした瞬間にめっちゃテンションが上がったのが鷲田清一の『京都の平熱』(講談社学術文庫)。鷲田といえば【モード】と【テツガク】の人という印象だったけれど、あらためて考えれば京都産で京大卒だから生まれ育ち

『京都の平熱 哲学者の都市案内』
鷲田清一著、講談社学術文庫

学んだ場所についてのエッセイを書いてもなんの不思議もない。と、ここで期待しすぎたのが間違いであった（笑）。いや、いい本でしたよ。

〝京の山手線〟でもあるような市バス二〇六番に乗ってぐるり洛中を巡りつつ、哲学者らしくこれを回廊《ペリパトス》に見立てたか時々に場所〳〵に滲んだ想念を読み取ってゆくという趣向は面白かった。のだが事象の解析はさすがの鋭さ乍ら、あまりにも先立つ検証が疎かで興を殺がれるのだ。

はっきりいって流行作家天国の京大をして「なぜかうちの大学出身者は文筆業に就く人間が少ない」とか書かれてしまうと、いくらシャープに「なぜ少ないのか」を分析されても意味がない。確かにかつては現代ほどではなかったが、それでも鷲田の大先輩には小松左京だって和久峻三だっているしねえ。

とかサ。ひとが孤独になれる薄暗いところ、そういう場所としての喫茶店はもうほとんど存在しない……なんてしれっと記述されちゃうと本当に困るのよね。そういう古えのカフェ生存率が高く、薄暗い珈琲窟が露地奥に路地裏に新たに誕生する土地柄は現代でも変わらない。ときに店が消えるのは時代変化による淘汰ではないのだ。「バス通りだけやのうてモノグサせんと裏道も歩いてみよし」と物申したくなる。

それでもわたしが「いい本」だというのはおべんちゃらではない。鷲田清一ならではの、この人にしか書けない表記に大変感銘を受けたからである。即ち京大哲学【京都学派】と都市とのかかわりを丹念に、それでいてすっきりとまとめて紹介した部分は本当に素晴らしい。とりわけ九鬼周造の『祇園の枝垂桜』(『九鬼周造随筆集』〈岩波文庫〉収録)の引用は嬉しかった。

わたしは常々京都の〝佳きもの〟をこれほどまでに表現し尽くした文章はないと思っているので。「いつまでも美と愛とを標榜して人間の人間性の守護神でいてくれ」と結ばれる九鬼の述懐――というよりも祈りか――は京都人すべての祈祷であろう。スッチョイコラ　スッチョイコラ。

鷲田もいうように九鬼に限らず京都学派哲学者諸氏の京都エッセイはいずれも興味深い。創始者の西田幾多郎も正面から京都と対峙した書籍はないけれど、それでも桜の花びらが石畳に散らばるように随筆のあちらこちらに京が色を添えている。

和辻哲郎の『古寺巡礼』〈岩波文庫〉や『埋もれた日本』〈新潮文庫〉、久松真一の茶道関係書籍など都市を知るうえで重要なテクストは多いのだけれど、西田同様に京都本としてまとめられているわけではないので、どこかの奇特な出版社が選り抜きエッセイ集を出してはくれぬかと夢見ているのだが。いっそ鷲田清一がやってくれればいいのに。先生、お願いしますよ。

それにしても京都学派構成員は見事によそさんばかりだ。純粋な京都人で目につく書き手が鷲田だけというのは皮肉な気がしなくもない（このへんが京大に作家がいない説の根底か?）。尤も京都人が創作でない京都を書く難しさは重々承知ノ介だ。件の『京都ぎらい』とか、スポーツライターの玉木正之のエッセイ『わたしが京都を棄てた理由《わけ》』（アリアドネ企画）とか、どうしても屈折した方向に走ってしまう作家がけっこういるのも肯ける。

愛憎相半ば路線とでもいうのだろうか。あるいはギリシア神話のテナンは愛しているときの顔と憎んでいるときの顔が同じだったせいで殺されてしまう路線なのかもしれない。よう知らんけど。

結果、京都について書く京都人エッセイストは極端に少ない。読み手が望むイメージの京都と、京都の実像に乖離があるのも大きな理由。男と女の間にあるとされている河よりもそれは深く暗い。書き手はあまりに長くその深淵を覗き込みすぎてペンが怯えてしまう。深淵の存在にすら気づかずイメージの京都を現実だと信じ込んでちゃらちゃら京礼賛したよそさんの京都本が目立つのも致し方ないのかも。

そんななか、とてもバランスよくバランスが悪いアシンメトリックな京の美学が書き写されているなあ……と楽しんだのが『京の路地裏』（岩波現代文庫）。著者は吉村公三郎。正真正銘映画監督の、あの吉村である。オールドキネマファンは、ここであーなるほどねと頷くかもしれない。彼は『偽れる盛装』（超絶好きッ！）『夜の河』『西陣の姉妹』といった京を舞台とする数々の名作のメガホンを執った名匠だからだ。

正確には吉村は京都人ではない。大津出身である。が、性格形成期を洛中で過ごし、近代映画協会創設以後、京都撮影所にこもってピグマリオンのごとく京女を銀幕上に創造してきた人なので、たぶんそこいらの京都人よりはよほどここに生きる人々の情や業を的確に観察していただろう。

それは彼の作品を見れば一目瞭然。人は吉村をして「女性映画の巨匠」と呼んだが正しくは「京おんな映画の巨匠」なのだ。

本書においても白眉は予想を裏切らず京おんなの章で、名もなき市井の女性のエピソードを重ねつつ一筋縄ではいかぬ彼女らの切なくなる可笑しみや、にんまりしてしまう恐ろしさをリアリズムで描き上げている。文体そのものは自身の映画ほど流麗ってわけにはいかないが吉村のエッセイに登場するキャラクターには彼の作品同様、京都人の瘀血《ふるち》が通っている。花街《かがい》の章もさすが吉村公三郎。以前に紹介した渡辺淳一の『わたしの京都』とぜひ併読していただきたい。けっこう上級者向け（笑）の京都本を読む愉悦といえよう。騙す側と騙される側の好一対だ。

東洲斎写楽的ではないけれど、京都人作家が京都で京都について書く困難とはいわば「あまり真を画かんとてあらぬさまにかきなせし故、長く世に行われず一両年に而して止む」的な問題である。

山村美紗は日本統治下の京城生まれだが、ご両親が京都人ゆえか非常に（それこそ吉村公三郎的な）京おんなだ。『ミステリーに恋をして』（光文社文庫）を読むと彼女のアイデンティティとしての京都のありかたがよく理解できる。けれど、京都エッセイとしては珍本の類いだろう。

『天使突抜一丁目』
通崎睦美著、淡交社

気鋭の歴史小説家・澤田瞳子もエッセイ集は皆目だった。『京都はんなり暮し』（徳間文庫）ってアンタ、ちっともはんなりしてまへんがな。それとも洛外では【はんなり】の意味が違いますのんか？

こうなると京都人による上質な京都エッセイの大半が職業作家でなく他に本業を持つ優れたプロフェッショナルなのは、もはや当たり前なのかもしれぬ。

老舗生麩屋の当主が語る京のオキテ集『あんなぁ　よおぅききや』（京都新聞出版センター）。先代主人だった十一代玉置半兵衛が子供のころに彼の父から聞いた話をまとめたものだが古臭さなど皆無。生麩屋さんだけにフに落ちる話ばかり。本書の胆はそれらの逸話が「古き良き時代の昔語り」ではなく現代でも京都では普通に息衝く都市ルールだってことだ。

だが非プロ作家京都人京都本のなかで頭抜けてよくできているのは、マリンバ奏者・通崎睦美の『天使突抜一丁目』（淡交社）だろう。なにがいいって日常を綴るタイプの女性エッセイストがしばしば陥りがちな「丁寧な暮らし」の罠に捕らわれてないのがいい。彼女の開陳するフツーの京都ライフは、もちろんたくさんの読者の憧憬を誘うだろうが、どこにも上から目線や人を羨ましがらせようとする嫌味がない。

どうやら彼女にとってキモノを着て碁盤の目を自転車で走る生活は、内澤旬子が豚飼って土間のある田舎のボロ家で生きるのに近い感覚であるらしい。文章テクスチュアが似てるから思うだけかもしれないが。あ、あと二人ともスタイルいいよね。

京都の「と」

京都小説の法則

タイトルに【京都】の文字を冠した小説はたいがい京都的ではない、という法則がある。いまわたしが作ったばかりの法則だが。

職業柄というか、京都のことを書く人間としては題名がそれらしいだけでも義務感から読んでみるべきかと慮るわけだが、内容が面白いか否かは別として、この都市のリアルがそれらに記述されていることは極めて稀である。

おそらくは現実の京都よりも作家自身が自家製の脳内京都、ファンタジー京都にしか興味がないからだろう。

そういうものを手に取る大半の非京都人《よそさん》読者は大なり小なり理想化された架空の京都が目当てなのだからそれでもいいとは思う。マーケティング的にも碁盤の目の包装紙はキャッチーだ。何の問題もない。とも思う。が、京都人にとってそれらの創作物読書は他人の夢を延々と聞かされているような苛立ちを覚える。

木谷恭介はプライドを持って「通俗（ミステリ）小説」を書き続けた、その道のプロで、ある意味わたしは敬意を払っている。のだけれど、彼の『京都百物語殺人事件』（フタバノベルス）や『京都呪い寺殺人事件』（ジョイ・ノベルス）なんかは、そりゃもうひどいものだった。土曜ワイド劇場『京都妖怪地図　嵯峨野に生きた９００歳の美人能面師葵祭りの夜にせつなく濡れて…』のほうがなんぼか整合性がある。そのくらい夢物語であった。

もっとも【京都】と【通俗】と【ミステリ】のトライアングルは非常に相性がいい。食べ物をページの間に挟んでおくといつまでも腐らないくらいピラミッドパワーを作品に付与してくれる。

わたしがピラミッドパワー御三家と呼んでいるのは山村美紗、西村京太郎、和久峻三。いま呼ぶことに決めたばかりだが。

山村はほぼ京都人のはずなのに、どうしてまたこんなにも絵ハガキみたいな風景のなかでしか物語が進行しないのかと不思議になるほどだ。それでも彼女の出世作となった「キャサリンシリーズ」は主人公がアメリカ人女子大生であり、ガイジンの視点から見た京都という設定のなかでポストカード的な東洋の古都の描写はよく機能していた。少なくとも第一作『花の棺』（光文社文庫）や続く『百人一首殺人事件』（同）ではチャームポイントになり得ていた。

『花の棺』
山村美紗著、光文社文庫

わたしもすべてを読んではいないがシリーズが進み題名が京都で始まるようになる『京都西陣殺人事件』（文春文庫）くらいから舞台は完全にバーチャル化。小説ではなくTVドラマ用のお手軽な原作になってしまう。ほかのシリーズなどは、もはや最初からどうすればテレビ映えする背景になるかしか念頭に置かれていない。

西村京太郎は京都というよりはトラベルミステリの人なので愛読者以外はもしかしたら京都のイメージがあまりないかもしれない。が、作家として最も脂の乗っていた八〇年から九六年まで彼は京都在住であった。そして暮らしていたはずなのに、なぜ？というくらい彼の京景色もまた山村美紗同様芝居の書き割りめく。

ふたりはいっとき同じ敷地内の別棟で共同生活していた。山村を未婚だと信じていた西村にとって彼女は〝生涯報われない片恋の相手〟みたいなものだったようで、おそらくは女流作家の目を通してしか京都を見ていなかったのではないか。『京都感情旅行殺人事件』（光文社文庫）なんかを読んでいるとそんな気がする。

そして和久峻三。大阪出身、京大卒、新聞記者を経て弁護士資格を取得後、京都に法律事務所を構え作家デビューという絵に描いたような経歴をお持ちである。このプロフィールだけを見れば、京都という都市のみならず京都人の内面にも深く迫った作品をいかにも書きそうなのだが、和久の作家としての資質はそっちにはなかった。なにしろドラマ原作の一本目を担当した山村美紗から引き継いで「京都殺人案内シリーズ」を大ヒットへと導いた人なのだ。

しかしもしかしたら、ともわたしは考える。人間の内面を知るからこそ、京都人という日本人のスタンダードから外れた価値観や思考法で生きている人々をキャラクターに据えられなかったのかもしれない。が、それにしても一度として京都人警部が捜査する京都の事件が京都で解決されないというのも珍しくはある。そういや和久の代表作である「赤かぶ検事シリーズ」だって大半は京都の物語なのに主人公は京都人ですらない。

つまりは、そういうことなのだろう。千年の都〝ならでは〟の京都的な殺人動機は、まずもって洛外で共感を得ることは難しいのだ。これはピラミッドパワー御三家に共通する問題だったのかもしれぬ。

むろん京都を材にとった小説は通俗推理だけではない。川口松太郎の『古都憂愁』(桃源社)からアーサー・ゴールデンの『さゆり』(文春文庫)まで、なぜ文庫になっていないのか憤りを覚えるような佳作もあれば焚書坑儒に処しても一向に差し支えない駄作まで揃った祇園＝芸妓小説。嶋矢は京都にいながら祇園に立て籠もっていた吉井勇だろうが彼は小説を残していない。

ちょっと似ているけれど実は味わいが違うのが京女小説の系譜。

水上勉の『五番町夕霧楼』（新潮文庫）を筆頭に、渡辺淳一の『野わけ』（角川文庫）『まひる野』（新潮文庫）を経て浅田次郎の『活動寫眞の女』（集英社文庫）などに至る、この都市に棲息する京女という生物を題材とした作品群だ。彼らはタヒチにおけるゴーギャンの如き情熱で彼女らの古雅玲瓏を活写しているが、知っている限り一人としてその実像に迫ってはいない。ただただ翻弄されているように見受けられる。だが、それがいい。のだろう。よう知らんけど。

近年は岡崎琢磨の『珈琲店タレーランの事件簿』（宝島社文庫）のように通俗推理と京女小説のハイブリッドみたいなものも人気があるようだ。けれど、この小説は個人的にはひたすら気色悪かった。

ピラミッドパワー御三家や文豪たちの舞台はあくまで脳内京都であった。だからこそ誤謬があろうとデイヴィッド・ハミルトンの写真のごとく紗がかかっていようとオッケーだった。ところがこの作品についていえばものすごく中途半端にリアルなのだ。フォトショで急ごしらえした雑コラみたいな印象を受ける。いや、雑コラ、笑えるのは大好物よ。でもね。これはね、わたしには笑えなかった。

岡崎は系統的には綾辻行人、我孫子武丸、万城目学、森見登美彦といった京大ニューウェーブに列せられる作家のはずで、書き手としての才能は素晴らしい。言葉に旨味がある。それが京都を舞台背景に選んでしまったせいでパースの狂いが露呈してしまった。というわけで一作目以降読んでいないんだけど、この先もタレーランシリーズ読んどくべき？ 誰か教えて。

　この都市は、とりわけ洛中は魅力的な小説のロケーションではある。絵になる。読者受けもいい。だが丁寧に扱わないと、こんなに再現が困難な場所はない。タレーランだって故郷の福岡や東京中央線沿線のどこかをロケ地に選んだほうがよほど居心地のいい作品になった気がする。

　では、リアルな京都を舞台にした名作というのは存在しないのか？ バーチャルや絵ハガキ、雑コラではないほんまもんの京が文字になった物語はどこにある？と問われれば「お口に合うかどうか存じませんが」というお断りつきながら、わたしは瀬戸内晴美（寂聴）をお勧めしたい。『京まんだら』『嵯峨野より』（ともに講談社文庫）『女徳』『比叡』（ともに新潮文庫）『祇園の男』（文春文庫）などなど、どれも見事にストーリーが京都で展開する必然性がプロットに組み込まれている。

『京まんだら（上）』
瀬戸内晴美著、講談社文庫

　わたしの愛する京都のカフェのひとつに『六曜

社』（地下）がある。かつて、まだ戦後も間もなく、瀬戸内もこの店に通っていたという。夫と幼子を置き去りにして恋した男と一緒になるため出奔した京都。しかしふたりは結ばれず、傷心の彼女は生きてゆく術を見知らぬ街で模索していた。その当時に出会ったのが六曜社だ。

店のある三条河原町界隈は戦前からの書店街風景がそのまま横たわる。ブダペストの老舗カフェを思わせる木組のインテリア、革張りソファの匂い、深煎りの珈琲の香り、そのなかで恋の狂気を滾《たぎ》らせ、不安に慄きながら若い女がひとり静かにカップに口づけている。――ね。これが京都なのよ。タレーランに瀬戸内はいないのよ。

千年の都のベンチャー精神

京都は【仕事】の街である。職住一体型の商いが多く、それゆえ専業主婦率もきわめて低く、家業は常に家庭よりも優先された。そうでなくとも共働きに肯定的な空気があった。子供は隔世、すなわち第一線を引いた祖父母に育てられることが多く、ちいさいころから京都人は嗜好も思考も妙に年寄り臭かったりマセていたりする。

そんな特性からか、この都市を語る書籍にも京都人の仕事観を切り口にしたものがかなりある。〝らしさ〟ゆえに伝統工芸や職人の世界を介したものが目立つけれど、たぶん読者が想像している以上にそれは多岐に亘る。また、老舗犇めく千年のミヤコは老舗であるほど革新的でもある。

このあたりの機微をざっと浚えるというか、全体像を見渡すのに絶好なのは大西辰彦の『「京都流」という方法』(のぞみ)だろうか。一見すると京都っぽくない「京都流」をわかりやすく説明してくれている。副題に「受け継がれるベンチャー精神」とあるように、トラディションに緊縛されて不自由だからこそ闊達に働く投機性《ベンチャー》のシステムを理解することは、この都市の性質を読み解くときに非常に重要となる。

なにより京都は、京都人は本来の因襲・旧套から外れた個性やイレギュラリティを恐れない。よその土地では「昔からのやり方と異なるから」という理由で根を張れない新機軸を易々と受け入れてしまう。

利に敏いというか功利的でもあろうが基本的には現実主義なのだろう。新しかろうが古かろうが、ええもんはええ——の精神がある。この気質が『任天堂』『京セラ』『島津製作所』『村田製作所』『ワコール』といった一種一属的な大企業を育む風土となった。しばしば人が京都に抱く排他的なイメージ（たぶん「一見さんお断り」などのシステムから生じた嫉《そね》みであろう）とは真逆の気風に支配されている土地なのだ。

『永遠なれベンチャー精神』（ダイヤモンド社）はオムロン創業者の立石一真が会社設立の一九三〇年から昭和の終わりくらいまでの沿革にそって語る経営論。件《くだん》のドラッカー教授と親交を持ち、西洋式のビジネス理論を会社に取り入れてゆく件《くだり》は、ともすれば京都の因習尊重に捕らわれた企業をアメリカナイズして解放させてやったかに見える。が、これぞ「京都流」なのだ。

立石は熊本の人。島津製作所や村田製作所の創始者や任天堂の山内家は京都だが、京セラの稲盛和夫は鹿児島、ワコールの塚本幸一は滋賀、祇園祭に使われる祭礼幕作っちゃうような京を代表する繊維会社『川島織物（現川島織物セルコン）』だって初代・川島甚兵衛は富山県出身。ようはいかに「京都流」を敷衍できるかであって、その実行者が京都人である必要はないのだ。

よそさんが京都で起こした京都らしくない「京都流」ビジネスといえば『佐川急便』なんかもそうだろう。むしろ会長職についてから名を成した感のある佐川清は新潟県で生まれた。まさに立志伝中の人物だけれど、わたしは長いこと彼が出身地で始めた事業だと思っていた。新潟を挟んで角栄とイメージが重なったからかもしれない。

『京都と闇社会　古都を支配する隠微な黒幕たち』一ノ宮美成他著、宝島SUGOI文庫

佐川急便が京都の会社だと知ったのは一ノ宮美成＋湯浅俊彦＋グループ・K21の『京都と闇社会』（宝島SUGOI文庫）を読んだからであった。わたしは陰謀論というのは知性の怠惰に他ならないと考えており、あまり普段はこういう真相系ルポルタージュものには食指が動かないのだが京都が対象なら仕方ない。屁っ放り腰でページを捲った。この街の複雑な

都市機能構造を知る一助になればと思ったのだ。

細川護熙元首相が佐川急便に借りていた別名「細川別邸」での笹川良一日本船舶振興会会長と佐川清佐川急便会長が持った会合が、それを伝える一葉の写真とともに一ノ宮の独特に生々しい筆致で描かれるとき、あたかもそれが京都を動かすからくりでもあるかのような実感《テクスチュア》がある。この都市が複雑であればあるほど、淫靡であればあるほど、こういったインサイドストーリーは熱量とリアリティを有する。

たぶんわたしも「面白い」とは思ったのだろう。続く『京都の裏社会』(同)、『京都に蠢く懲りない面々』(講談社+α文庫)と一ノ宮の著作を追った。勢いで春日まんぼうの『山口組VS会津小鉄会』(笠倉出版社)まで読んじゃったよ。

それらはセンセーショナリズムふんぷんだが、佐川のような財界スキャンダルだけでなく京都独特の問題に絡んだ内容は、いちいち感心させられた。東本願寺の内紛だとか、同和団体『崇仁協議会』の社会圧力だとか、阿含宗を急成長させた桐山靖雄管長のやり口だとか、裏千家や細木数子のダーティビジネスを槍玉に挙げた三面記事的なルポまでみな読み応えがある。

が、そんな風に目に見えて複雑な裏社会だの闇社会だのの仕組みで説明できてしまうほど京都は単純な場所ではないのであった。いわゆる白足袋族と呼ばれる〝正体が杳として知れない、なのに公的な権力〟は楽々と闇に光を当て、裏をひっくり返して表向けにしてしまうパワーがある。

白足袋族というのは文字通り白足袋を履いた人々。有名社寺の管長や僧侶、茶道・華道などの家元たち、花街《かがい》の仕切人、そしてなにより菊の御紋の向こうにおわします「御所はん」たちのこと。彼らについて説明した本はそんなにはないが入門書的な読売新聞京都総局編の『京都影の権力者たち』（講談社＋α文庫）あたりを一読しただけでも、なんだか胃酸がこみ上げてくるような感覚がある。

京の権力構造はピラミッド式ではない。なにか揉め事があった場合にでもそれを解決してくれる「然るべき筋」は幾通りもある。トップダウンが存在しないのだ。過去にないビジネスが芽吹きやすいのは、せっかく萌芽したものが「然るべき筋」によって雑草として摘まれずにすむからであろう。だが半面いつまでたっても雑草が抜かれずに放置された挙句、朝顔に釣瓶取られるがごときトラブルも起こる。

いまや全国的な人気ブランドとなったSOU・SOUオーナー若林剛之の著書『伝統の続きをデザインする』（学芸出版社）などを読めば、闊達に丈を伸ばし葉を広げる「京都流」ニュービジネスモデルの胸がすくような開花を目撃できる。これは前者の典型。

反対のケースは京都的な〝お家騒動〟として全国紙にも取り上げられた一澤帆布の乗っ取り事件で、その顚末は菅聖子の『一澤信三郎帆布物語』（朝日新書）に丁寧にまとめられている。

『伝統の続きをデザインする
SOU・SOUの仕事』
若林剛之著、学芸出版社

現在は釣瓶で水が汲める状態に戻っているとはいえ解決に至る長い長い道程のあれこれは闇社会系の話なんかよりも、よっぽど恐ろしい。

以上のような極端な書籍でなくとも京の仕事本は読者の意識によって見え方が異なってくる。生存する古代生物の生態を観察した一冊なのか、奇妙な進化を遂げた未だ知られざる新種の生態を解き明かそうとした一冊なのか、その判断は読み手に委ねられる。およそオーソドックスな京都新聞社編の『京都 手仕事のうた』や『京のよきもの』といった本でもそれは同様である。『京都、唐紙屋長右衛門の手仕事』（千田堅吉／生活人新書）とか、シーラカンスは生き残っていたんだね！とか感心しながら読んでいたら実は系統発生の果てに誕生したシン・ゴジラなみの珍獣で吃驚。

京都は日本映画発祥の地だから関連本も数多く出版されているけれど、これも芸術論や社会史、娯楽研究といったフィールドから離れてビジネスの見地から眺めたものに傑作が豊富だ。やはりそれはキネマ揺籃の地が碁盤の目の上にあったからではないか。庄林二三雄の『京都映画産業論』（啓文社）とか瀬川与志の『マキノプロダクション・事始』（白川書院）とか、なかなか胸熱。映画が仕事として成立してゆく過程はベンチャー精神の発露以外のなにものでもない。

さて、最後にこれから洛中でめきめき成長してゆきそうなビジネスに絡む本を御紹介。それは【生活】の販売とでも言うべきか、暮らしの起点を京都に置くという行為が流行の兆しをみせているのだ。

京都には前述したように決定的な「然るべき筋」がない。トラブったときの解決策の取捨選択が難しい。だが同時に前述したような異質な他者を存外気楽に受容してしまう「京都流」が根底にある。どうもそれがフェロモンのように働くらしい。

永江朗『そうだ、京都に住もう。』（小学館文庫）は実際に移住を行動に移した筆者のリアルな言葉が含蓄深い。京都人には気づけない京都を教えてくれる名著である。

〝貸しがある〟人々の宗教本

差し引きすれば仏様に貸しがある――これほどまでに京都人の性質を表現した諺はない。宗教都市と呼ばれ古社古刹が犇めく街の住人の本音がこれである。

お供えを欠かさず、事あるごとにお布施をはずんでも、カミサマ・ホトケサマから返ってくる御利益や御功徳は僅かなものだ……という現実主義。ゆえに期待してはならぬという自戒。そんな気持ちを言葉にして見せる諧謔とシニシズム。それでいておそらくはどこの都市よりも神仏への畏怖を忘れぬ崇敬心。京都人の貸しは嵩むばかり。だが、それでいいと彼らは考えている。借金から逃げ回る人生よりは余程マシ。

そんな人たちにまつわる宗教本には三つのタイプがある。ひとつは社寺建築や仏像などの解説や紹介。次に各宗派における教祖や中興の祖の伝記（あるいは賛美）。最後に、ちょっと二番目に近いが、人物でなく〝教え〟に軸足を置いた自己啓発の類い。むろん各々のハイブリッドも数多く存在するけれど基本は以上だろう。

さて、面白いのはここからである。日頃から宗教行事に熱心に参加し、坊《ぼう》さんや神主《かんぬし》さんにも人一倍敬意を払いつつ、神仏に対して「貸しがある」と言って憚らない京都人がそれらの書籍に出会ったとき、では、どんな感想を持つのだろうか。といえば「なんじゃ、そりゃ」であり「御為倒《おためごか》しはよしてほしいの！」だ。京都を核にした宗教本は、発行点数のわりに、これぞ！という書籍に出会える機会はいずれのタイプも少ない。

だがそんな環境ゆえ、まるで暖流と寒流のぶつかる潮目に魚が集まってくるように、なんだか不思議な読書的快楽が出版されたりもする。狙い目は典型的な三タイプ以外のところにあるのだ。

代表的なのがいとうせいこう・みうらじゅん共著の『見仏記』シリーズ（角川文庫）。一応は紀行書の体裁だが、いかんなくみうらの「貸しがある」的京都人体質が発揮された宗教本だとわたしは捉えている。見仏しているのは京都に限らないのだけれど印象は京都のものがやはり強い。芸術的価値の問題ではなく、蓄積が多いだけでもなく、お寺さんが貸しを返す手段として開陳しているケースが多いからではないか。

みうらの画力はときにすさまじいまでに仏像の核心に迫っている。けれど、それらを取っ払った『ＴＶ見仏記』も一見の価値があることを記しておきたい。わたしが所有しているＤＶＤ

『見仏記』
いとうせいこう・みうらじゅん著、角川文庫

は数枚だけれど、いま調べたらベスト盤を除いても二十三枚発売されていた。半分以上が京都。あとはほぼその周辺。製作が関西テレビ系列だというのもあろうが、それだけが理由ではない。やっぱ貸しが多いせいやな。

　実は京都の宗教芸術に特化・集中して論じた本は意外なくらい類書がない。いまそういうのが書けるとしたら筆力の上でも立場的にも橋本麻里くらいで、どうした、がんばれと思うのだが、まあ、生半可な覚悟で取り組める相手でないのも確か。

　現在に至るまで、それらについて触れようと考えたときに誰もがお手本として頁を開くのが中村直勝の『京の佛たち』（白川書院）と佐和隆研の『仏教美術入門　目で見る仏像の生いたち』（現代教養文庫）。いずれも基礎知識がきっちりと過不足なくまとめられた名著だ。

　これと、赤井達郎の『京都の美術史』（思文閣出版）くらいをしっかりと押さえておけば無駄に読み漁る必要はないかもしれない。むしろ実際に社寺を訪れ自分の目で見てゆくほうが正しい方法論といえよう。『TV見仏記』DVDでもいいけどさ。ちなみに赤井の著作では『菓子の文化誌』（河原書店）が大変に楽しかった。もちろん京都はメインの舞台だし、宗教に絡んだ

【供物】としての菓子の話にも興奮させられた。

怜悧且つ冷徹な赤井の筆とは正反対のスタイルで近年、仏像の見方、嗜み方の書籍を出版しているのが籔内佐斗司。なんとなく聞いたことある名前だな、と、いう方もけっこうおられるだろう。そう。一大論争を巻き起こした平城遷都一三〇〇年祭公式キャラクター「せんとくん」の生みの親である。いつの間にか、ゆるキャラブームに紛れて〝アリ〟になってしまったが、この造形同様、書き手としてもなかなか強烈な足跡を残している人だ。

『仏像礼讃』（だいわ文庫）あたりは、まだいい。終始、黒木香のごとく法悦ラッパをぷぴーと鳴らしているのが滑稽なくらいで言わんとすることは理解できる。それが『仏像の見方が変わる本』（洋泉社）、『なぞるだけでこころが静まる仏像の絵』（宝島社）、『籔内佐斗司流ほとけの履歴書』（趣味Do楽）と近年トンデモ本化しているのだ。つい著作を追いかけてしまう。

せんとくんに見るネオペイガニズムとウイッカ理論の影響について語り出したいところだがここではやめておこう。ま、京都でなく奈良だから、こんなふうに無責任に面白がっていられるのかもしれないが（笑）。

タイプ2の宗教偉人伝系列については、空海、役行者、一休、法然、親鸞、最澄、道元らの歴史的宗教家から出口王仁三郎まで偏見なく繙いてきたつもりだが、申し訳ないけれどどれひとつとして彼らの生き方が自分自身の人生に侵食してくるような読書体験はなかった。せいぜい兼好法師に興味を持ったくらい。なぜだろう「関係ないや」って思っちゃうのだ。

むしろ西谷啓治の『神と絶対無』（弘文堂）から南山宗教文化研究所編の『絶対無と神』（春秋社）に続くキリスト教関連哲学書のほうが京都なる器のなかで捏ねられた思想を体現しているのではないか。出口の著した論考に似たパワーがある。

伝記はともかく彼の仕事には当然のようにどっぷりな時期があったわたし。いまでも『霊の礎』『惟神《かんながら》の道』（ともにみいづ舎）あたりは京の土壌に深く根ざしていると断言できる。少なくとも京都学派哲学宗教論と出口のカルト思想が手術台上でリンクしてしまうのが、この都市ならではの愉悦であることは間違いない。

しかし京都で本当に重要なのはやはり偉人の生い立ちや足跡を辿ることではない。名もなき人々、市井に生きて死んだ町衆たちの行動原理から湧いてくるもののほうに、より濃厚な醍醐味がある。

救済のシステム論ともいえる眞鍋廣濟の『地蔵菩薩の研究』（三密堂書店）や婆娑羅＝異類異形の研究をまとめた網野善彦の『異形の王権』（平凡社ライブラリー）といった隠れた名著は数多い。京を京足らしめたのは秘仏や名僧ではなく、日常を見守る路傍仏であり蔑まされてきた異端者なのだ。

この傾向はタイプ3になると、もっと顕著。もはやそこに京都はない。そもそも碁盤の目に緊縛されるようでは宗教として逆に問題がある。しかし各信仰をベースとしたクオリティ・オブ・ライフの提案は「貸しがある」人々の胸にはいまひとつ響かない。あるいは時代なのかもしれないが。

このタイプのダイジェストともいえるのが『これ人生　これ説法』（京都新聞出版センター）。日本図書館協会選定図書にも指定されており、内容的にも押しつけがましさや上から目線のない自然体の言葉で構築された、名著といっていいくらいの一冊。現代宗教界を代表する二十六人のお歴々は、直撃インタビューにも怯まず焦らず昂らず、揃って高潔なお人柄が忍ばれる。のだが……。

なぜだろう。むしろ科学文明の発達した現代では宗教の本質から遠く離れてしまった蒙昧の類を語る中野豈任の『祝儀・吉書・呪符』（中世史研究選書）のほうに教わることが多々あった。松尾剛次の『破戒と男色の仏教史』（平凡社新書）のほうが信仰の在り得べきダイナミズムを鮮やかに示して見せていると確信した。奇を衒って言うのではない。

『祝儀・吉書・呪符
中世村落の祈りと呪術』
中野豈任著、吉川弘文館

神道もまた同じ。昨今またぞろ戦前の国家神道に回帰しようという、まさに神をも畏れぬ所業がそこここでキナ臭い匂いをまき散らしている。肝心の神社庁までがこの動きに加担しているなんて噂が聞こえてくるに及んでは溜息しか出てこない。わたしは古来、神社神道を尊ぶものとして情けない。かつて国家神道に悉く盾突いた出口王仁三郎のような傑物の現代京都への出現を願うばかりである。

せめて戦後に神社庁の参事を務めた河田晴夫の著書をしっかり読みこなしてくれまいか。『神社神道の常識』（清明舎）は神職のみならず京都人、いやさ日本人はみな一家に一冊備えてほしいくらいの本である。

〝下手物〟洛外の魅力

京都人は田舎が嫌いである。より正確には田舎もんが大嫌いである。

彼らが「田舎もん」と口にするとき、それは最大級の侮蔑だ。そんな誹りを受けようものなら孫子の代まで祟ってやる的な屈辱に京都人は身悶える。しかしこの言葉が発動されても当の非京都人《よそさん》たちにしてみれば富士の高嶺から見下ろしたようなニュアンスが不愉快ではあるが今日びは「地方出身だからって、それがナニ？」であろう。

だがよく考えてほしい。京都でなくとも忠臣蔵は「田舎もん」の一言に端を発しているのだ。この蔑称は産地に関わりなく都市のルール、不文律、哲学、美学、方法論を無視して憚らないバルバロイに対する絶縁なのだ。

もはや京都人にとってもそれは、京都ルールに従わない、平気で無視する人々の仕打ちに傷ついたとき「あの人は田舎もんやし、しゃあない」と諦めるときの自己韜晦の方便としてしか機能していない。けれど彼らは田舎もんの狼藉を一生忘れないよ。思い知ることもなかろうが覚えておくがいい。

かくも京都人が田舎もんへの憎悪を募らせていった過程には長いバルバロイとの戦いの歴史がある。京都を知るには洛中にこもっているだけでは充分ではない。冷静な洛外のサーベイランスが必要だ。

洛中洛外の衝突を材に取った作品は数多い。が、たいがいにおいてそこに登場する平安貴族は敵役で、白塗りに梵天眉、口元を扇子で隠しながらホホホと笑いつつ民衆を踏みにじるみたいな役割が多い。それを見かねて武士が民衆とともに反旗を翻す、と。——まずは日本人に刷り込まれたこの誤謬から脱っさねばならぬ。

たとえば一揆。中世の国一揆や土一揆と戦国時代の一向一揆や百姓一揆を混同する人多すぎ！　うわっ、私の年収低すぎ！

なんだか裏には徳川幕府の陰湿な印象操作があったような気がして仕方がない。斎藤隆介の『ベロ出しチョンマ』(理論社)は平安時代の話ちゃいまっせ。チョンマを磔にしたんは貴族やのうて侍どっせ。

一揆というものの性質を理解し、応仁の乱でリセットされてから再構築が始まる都市のガイドラインをなぞるための教科書ともなるのが勝俣鎮夫の『一揆』(岩波新書)。

日本は単一民族国家だというが、実は京都人と非京都人の集合体なのだ。ここには、それまでばらばらだった非京都人が【作法】を獲得し、洛外にありながら田舎もんでなくなることによって集団を形成してゆく姿が描かれている。エキサイティング。

副読本として中村吉治の『徳政と土一揆』（至文堂）と笠松宏至の『徳政令』（岩波新書）を挙げておこう。あと、網野善彦の『無縁・公界・楽』（平凡社ライブラリー）。いかに梵天眉の貴族によって律せられた京都という都市が自由で、社会が平和であったかがよくわかる名著。わたしは網野（史観の）ファンなので『米・百姓・天皇　日本史の虚像のゆくえ』（石井進と共著、ちくま学芸文庫）『異形の王権』（平凡社ライブラリー）や『中世の非人と遊女』（講談社学術文庫）なども強く強くお勧めしておきたい。

『増補　無縁・公会・楽』
網野善彦夫著、平凡社ライブラリー

京都と一揆の関係を考えるうえで最も象徴的な山城国一揆については日本史研究会・歴史学研究会編の『山城国一揆』（東京大学出版会）と川岡勉『山城国一揆と戦国社会』（吉川弘文館）あたりがバイアス少な目。お願いだから梵天眉が跋扈する東義久の〝創作〟で解ったような気にならないでいただきたいと思う。

非京都人が眺めた京洛の美しさも悍《おぞ》ましさも憧憬も憎悪もみんなひっくるめた複雑な感情を描きつくした名作が坂口安吾『桜の森の満開の下』。岩波文庫のほか複数の出版社の短編集に収録されている。有名すぎて読みこぼしている人も存外いそうな気がするので、まだの方はこれを機にぜひ。それにしても僅かな頁数でよくぞここまで京を見極められたものだ。それは視座を洛外に移しているからではないか。

白洲正子の『かくれ里』（講談社文芸文庫）なども視座をコペルニクス的転回させている。この紀行文の中で具体的に京都が語られることはない。むしろ逆。だが洛外の明媚を巡りながら観察する彼女の目は常に洛中に置かれている。洛中から観ているからこそ洛外の美質は見いだされ得るのだと彼女は言っているかのごとくだ。

しかし、その端正な風景から振り返って京を目にしたときの醜悪はどうしたものだろう？という皮肉も白洲は忘れない。

峻烈な美学による京都の解析という点では彬子女王に期待しているのだけれど、彼女に白洲正子的な毒がないのは残念。『京都　ものがたりの道』（毎日新聞出版）など鋭利な〝外からの視線〟が快かったのだが。

これはアレックス・カーの『もうひとつの京都』（世界文化社）（これも曇りのない素晴らしい本）などにもいえることだが、この都市を知悉しようとしたら、ある種の毒を含んでいる必要があるのではないか。京には千年の時を経て盆地の底に沈殿した毒がある。ゆえに潜行するには毒を以て毒を制す的な毒の蓄えがいるのだ。彬子女王にもカーにもそれがない。

白洲と同種の毒があるといえば柳宗悦はそうだろう。だが、もちろん一通り目を通してはいるのだけれど、いざ紹介するとなると推薦本を選ぶのが難しい。柳は京に縛られた人ではなかったからだ。

だが『京都の朝市』なる端正な随筆（『日本の名随筆5 陶』〈作品社〉に収録されているが、いまは青空文庫にもある。親本は『蒐集物語』〈中公文庫〉。この本もすごくいいので手に取って損はない）を読んだとき、わたしはハタと膝を打った。

このなかで柳は天神さんや弘法さんなどの市で洛外からやってくる行商の婆さんたちから「あんたの買うのは【下手物《げてもの》】ばかりだ」と言われ、そういった日々の暮らしから滲み出てくるような美意識をこそ自分は愛するのだと気づく。そして、この言葉を気に入り折々に使うようになる。のだが、やがて辞書に載るまでに広まってゆくプロセスで誤解され誤用が目立つのは遺る瀬ないと述懐している。

『蒐集物語』
柳宗悦著、中公文庫

そうなのだ。京都人にとって洛外とは柳宗悦が広めた本来の趣旨訳合における【下手物】なのである。ということで、このサブジェクトを代表する柳の著書として日本民藝館発行の『丹波の古陶』を挙げたい。

昭和三十一年に限定一五〇〇部で出版された古書にしてはよく市場に出回っている。値段も五千円前後であり、図録も豊富で内容に比して安価だ。これは本書がそういう性格の書籍であり、購入者もまたコレクションではなく、つまりは【下手物】として、より多くの人が読むべきだと判断して手放しているからではないか。

ともあれ、これは下手物、民藝、洛外の魅力が目に見えて理解できる稀有な一冊。急げ密《アマ》林《ゾン》。ポチれ宗悦。

ちょっと特殊な洛外として、わたしが長年興味を持っているのが長岡京である。が、存外発行点数が少ない。中山修一の『よみがえる長岡京』（大阪書籍）が、シュリーマンの『古代への情熱』（新潮文庫ほか）めいたファナティックさがいい味付けになっていて、ちょっと興奮させられたが、それくらい。国立歴史民俗博物館編の『桓武と激動の長岡京時代』（山川出版社）もピンと来なかった。資料不足ゆえに想像力は刺激されるが本にはまとめ難いのかも。

最後に現代の洛外観察記録をひとつ。蒲田正樹の『驚きの地方創生「京都・あやべスタイル」』（扶桑社新書）。実は会社員時代に研修生として三ヵ月ばかり綾部に住んだことがある。中し訳ないが人生で最悪の経験のひとつだ。とにかく会社の外がほとんど虚無なのである。まだコンビニもなかった時代で、ささやかな商店街は会社（工場）終了時にはすべて閉店している。あとは、ただただ農地と森林。それが、いつの間にか理想的な「地方創生」を遂げていたらしい。土一揆でも計画してるのか？

本書によれば経済本の人気著者である藻谷浩介も「綾部は世界のどこに出しても胸を張れる、全国でも数少ない街。ここに日本と世界の先端がありますす」と推薦しているのだそうで、とにかく〝元気〟らしい。

うーむ。正直読了後も、インフラ整備によって京セラの新工場を含む工業団地を成功させたこと以外とりたてて綾部から学ぶなにかがあると思えないのだが。人口は順調に減ってるしねえ。尤も洛中に住み洛外で働くというスタイルが生まれつつあるのは興味深い。ここで働くのはもはや田舎もんではなく、作られるものも下手物ではない。

新本格ミステリの原動力

正直、わたしはミステリについては門外漢だ。読書体験の初期にポプラ社の少年探偵シリーズはあるし、国内外の名作も一応押さえているけれど、まさに通り一遍。最近も喜国雅彦と国樹由香の『本格力』（講談社）を読んで己が無知と不勉強を恥じたばかり。どの口でミステリが語れよう。

けれど同時に本書のページを捲りつつ、ひょっとして【新本格ミステリ】については多少の自信を持って書ける気がしてきた。なぜならばわたしは京都出身、京都在住、京都の大学を卒業（あるいは中退）した作家ならば、かなり丁寧にフォローしてきたつもりだからだ。そしてこのジャンルを中心に活躍する作家は、なぜか京都人、亜京都人がかなりの割合で混じっているのだ。

新本格の核《コア》には京都大学と京大推理小説研究会がある。

いや、もしかしたら。とも思う。もしかしたら新本格ミステリの核は京都という都市そのものではないか。そして京大は陽子で、その他の地元大学は中性子なのやも。今回はベーテ・ヴァイツゼッカーの公式よろしく、それらの関係性を解き明かしてみたい。

新本格ミステリ作家をずらりと並べてみると、まず年齢的には五〇年代末から六〇年代いっぱいの生まれが大多数。さらには八〇年代末からミレニアムまでにデビューしている。この区分のなかでもいくつかのステージに分かれるようだが、いくら作品傾向が似ていても今世紀以降の書き手は別種に分類される。それ以前の島田荘司などを混ぜると違和感があるのと同じ。ただし島田の手引きがなければ、もしかしたら新本格というジャンルは成立していなかったかもしれぬ。なぜならば彼こそがブームの起点となった綾辻行人（一九六〇年生まれ。八七年デビュー）を世に出した立役者だからである。

よしんば新本格ミステリなる名称が、彼の処女作『十角館の殺人』（講談社文庫）を皮切りに始まった推理小説シリーズのために出版社が用意したキャッチコピーに過ぎなかったとしても（言葉自体は綾辻の第二作『水車館の殺人』（同）のオビに使われたのが最初らしい）、本作がムーブメントを牽引できるだけのポテンシャルを持っていなければ流れはできなかっただろう。『十角館の殺人』は新本格の草分けだがジャンルにこだわらず小説を読む歓びに充ちた名作。さらに正確には〝小説好きが小説を読む歓び〟といえるかもしれない。

『十角館の殺人〈新装改訂版〉』
綾辻行人著、講談社文庫

ただ、この物語を一読しただけで京都的な匂いを嗅ぎ取るのは難しい。けれど綾辻が多用する【叙述トリック】なる手法は、実は京都人が得意とする言語ロジックだったりする。京言葉はトリックとミスリーディングが犇めいている。はっきりいってイケズなんかよりもなんぼも恐ろしい。また、茶道や京料理といった文化の美学を支える、見立て、倒置、入れ替え、設えといった技術の駆使も叙述トリックに通ずる。この作品の魅力はまさに京都人の面目躍如なのである。

綾辻が真っ向から京都を題材にした小説としてはホラー『深泥丘《みどろがおか》』シリーズ（角川文庫ほか）があるけれど、おそらくは館シリーズのみならず叙述トリックを突き詰めたような『どんどん橋、落ちた』（講談社文庫）収録作品などのほうが京都人にとっては京都的だったりするのは面白い。

ただ著者と同年代のわたしは『深泥丘』に登場する京のおどろおどろしさ、細い辻の曲がり角からふいに物の怪が顔を覗かせるみたいな恐怖と顔馴染みではある。わたしは綾辻と面識はないけれど、あの本に描かれた鬼胎はかつて知ったる共通の友人だ。

けれどなんといっても新本格の原動力が綾辻の属していた京都大学推理小説研究会にあったのは疑いのないところだろう。同時代に同年代の法月綸太郎と我孫子武丸がいて、綾辻に続き次々とデビューし、作品の評価も高く商業的にも成功したからこそ新本格は有卦に入《うけい》ったのである。だからさ、いくら才能があっても可愛くてもやっぱ百恵ちゃんだけではブームにならなかったわけじゃない。聖子ちゃん一人では八〇年代のアイドル梁山泊時代は到来しなかったのは明らかでしょう。ということだ。

が、しかし、実際には彼らのあとに新本格一派に加わった京大推理研出身者は麻耶雄嵩くらいなのも興味深い。つまり京大推理研は原動力ではあっても新本格の傾向を特質づけるものではない。作風も四者四様。綾辻同様に直接的にリアル京都を舞台にしてはいないが、京都生活は確実に作品へ影響というか陰影を与えている。

法月綸太郎は緻密なプロットと腺病質な構築性が美しい。読んでいるあいだ端正な宗教建築を鑑賞しているような法悦を味わえる。エラリー・クイーンの信奉者らしいが、クイーン作品がカソリックの大聖堂だとしたら法月作品は京の古刹。

評判が高い『生首に聞いてみろ』(角川文庫)も繁華街の並びに突然寺院が数百年前の萼《うてな》を開いているような味わいが愉しかったけれど、個人的な最高傑作は『ノックス・マシン』(同)。推理のトリックが明かされるときの視界の啓け方は清水寺の懸崖造りから街を一望する気分。推理の外連が心地よい。

我孫子武丸の抱える京都性は【虚構】の現実味だろう。もしかしたら、これこそが京大出身作家に通底する（もしかしたら小松左京から一脈通じる）傾向なのかも知れぬ。それゆえか我孫子作品については新本格ミステリの本道からは外れたお話のほうが、この都市の奇妙な現実味を強く薫らせる。

なんぼ京大出身か知らんけど、よそさんが洛中を舞台に本書かはるやて愉快なことしはんなあ。さぞかし京風で薄味なんやろねえ。ホホホ的な態度で読み始めた『ディプロトドンティア・マクロプス』（講談社文庫）だったが兜を脱いで最後のページを閉じた。続く『狩人は都を駆ける』（文春文庫）も京都小説として上出来。ただ京都人とよそさんでは、かなり読後感が違う気はする。同じシリーズではないが系統としては近い『弥勒の掌《て》』（同）のほうがバランスがいい。

麻耶雄嵩は我孫子よりもさらにもう一歩虚構へ踏み込んだ非日常の世界が日常を浸蝕してゆく味わいが真骨頂だけれど、この人から感じる京都インフルエンスは綿密なディテールの集積に他ならない。まさに神は細部に宿る。一見ばらばらのエピソードや固有名詞、パスティーシュのモザイクが、俯瞰したときに意外な真相＝像《タブロー》を結ぶ快感は素晴らしい。

代表作であるメルカトル鮎シリーズを読んでいると矢鱈に末社・摂社を従えた胡乱な神社を

参拝している気分になる。とりわけ完成度の高い『メルカトルかく語りき』（講談社文庫）は、それこそ京都大学の背後にある神楽岡の吉田神社もかくや。創建を平安初期に遡る古社は、延喜式内社全三一三二座を祀る例のない異形の神域でもある。それらを総称して天神地祇《あまつかみくにつかみ》八百万神と呼ぶが、麻耶作品はまさしく天神地祇八百万神。調和する混沌である。

新本格ミステリは京大と並んで、いや京大以上にコンスタントに早稲田が作家を輩出している。北村薫、折原一に始まり、山口雅也、篠田真由美、貫井徳郎と途切れることがなかった。このグループ終盤デビュー組の霞流一や蘇部健一らも都の西北で学んでいる。むろんそれ以前からプロ作家のスプリングボードとして機能してきた大学ではあるのだけれど。

『メルカトルかく語りき』
麻耶雄嵩著、講談社文庫

作風的にもこのジャンルのミステリらしさや本格っぽさを担ってきたのは、むしろ彼らであった。京都組が確立したのはあくまで〝新〟の部分。とはいえ〝新〟があったからこそムーブメントになったのだ。やはり新本格ミステリには京都というファクターが不可欠であるように思える。

我孫子の京都探偵シリーズは京都といいつつちっとも京都ではなかったが、新本格一派には正攻法の京都小説を書く作家がいる……いた。二〇一〇年に亡くなった北森鴻だ。穿ちすぎかもしれないが京大出身者だとむしろ筆が怯えて書けないであろう、現実の京都を現実らしく実名の地名や寺院を鏤《ちりば》めた裏京都シリーズは山口県出身駒澤大学卒、よそさんならではの怖いもの知らずと言えなくもない。

筆力ゆえに覚悟していたよりも鼻白まずイライラせずに読了できて、それだけでも、まあ、上出来だろう。『支那そば館の謎』と『ぶぶ漬け伝説の謎』（ともに光文社文庫）の二冊に終わったのは真に残念。だが本当はこの類いを京大推理小説研究会出身作家が手掛けていたらとも妄想してしまう。

作風も作家性もばらばらの同志社〝暖簾分け〟作家

徳冨蘆花、筒井康隆、早瀬圭一、花登筺《はなとこばこ》、今江祥智、黒岩重吾、山尾悠子、有明夏夫、中村うさぎ、百田尚樹、デビット・ゾペティ……これらの作家の共通項を挙げよ。

この連載の性質上、京都に関係あることはすぐに知れよう。ここに『愛と死をみつめて』（だいわ文庫）の大島みち子を足せば解りやすいだろうか。かえってエントロピーを増大させて混乱しちゃうか。聞かされてみれば「なあんだ」的な答なのだが、上記のリストは同志社大学出身の非京都人《よそさん》作家。である。

この問題が簡単なわりに存外、回答が出てこないのは共通項という言葉に惑わされるからだ。彼らは見事に作風も作家性も異なる。人気作家たるもの独自の個性はあって当たり前。だが出身校別に作家を並列したとき、ここまでばらばらの印象を残すリストになるのも珍しい。

例えば錚々たる作家を輩出している早稲田大学にしてからが、有名どころをピックアップして並べてみると、なんとなく「ああ、なるほど早稲田って感じ」がする。なにも根拠はないし、たぶん偏見だが。

都の西北卒の京都人作家といえば言わずと知れた村上春樹、そして近年では綿矢りさがいるけれど、この人たちの物書きとしての体臭だって早稲田の香りが京都の香りより強い。やはり根拠なしだが。

閑話休題。このバラけぐあいを眺めたときに、ふと思いついたのがどこか無意識のうちに京都的な哲学が彼らに染み込んだのではないかという仮説だ。フィロソフィーというより京ならではの商売哲学だが。

長年勤めあげた奉公人が主人から許されて自分の店を開ける「暖簾分け」というシステムがある。これは京都に限った話ではないけれど、基本的には世話になった先の個性なり味わいなりを踏襲しようとするのに対して京都ではなるべく競合角逐しないよう、重ならないようにするのが正しい態度とされるのである。結果〝そこにしかない〟ものが数多く生まれてくる。

同志社出身作家もそうだ。ひとりひとりが抗衡しているわけではないが誰にも似ていない。比較できない。同窓で括れない。

それにしても多い。しばしば同志社と比倫される立命館大学には、メジャーどころといえば藤本義一と水上勉（ともに中退）が目立つくらいで、あとはせいぜい『二十歳の原点』（新潮文庫）の高野悦子、最近だとラノベの西尾維新がいるくらい。校風的には逆でもいいような気さえするのに。

あ、いまひらめいた。ゾペティの『いちげんさん』（集英社文庫）を除けば京大作家陣以上に京都がメインの舞台になる本をものした作家が少ない、という特徴もあるかも。ただこれについては全作品読破していないので断言はできない。

そんな同志社暖簾分け作家陣のなかで弁明的な傾向があるとすれば、やはりこちらも新本格系がグループを成している点が挙げられよう。前回、京大の本格推理作家について論考したが、新本格ブームは綾辻行人率いる京大組が、というより彼らと有栖川有栖を中心とする同志社組が双輪となって牽引したというのが、より精緻なインプレッションだろう。

『いちげんさん』
デビット・ゾペティ、集英社

だが正直、有栖川有栖には偏見があった。筆名が悪かった。何作か読んでからは、がらりと心証がひっくり返って人を喰ったいい名前だと感じるようになったケド。

このペンネームは母校の傍にある有栖川宮邸跡が由来だそうだが、後継者がなく断絶した宮家とはいえ有栖川家といえば代々書道を以て大内裏に仕える銘家。ぬめぬめと美しい有栖川流は現在でも皇室の公式書道として受け継がれている。いったい、どのような跡《て》で本格とやらをお書きになられておられますするのやろ。あな奇しいことでおざりますするなあ。ほほほ的な反感を京都人は覚える。はっきり言って偽有栖川宮結婚披露パーティー事件と同質の胡散臭さがある。ちなみに同様の偏見を姉小路祐にも持っていたが、彼については残念ながら読後も心証はひっくり返らなかった。公家名は危険だ。

ともあれひとたび有栖川の小説世界に耽溺すると、その胡散臭さがクセとなって飯が、いやさページが進むこと進むこと。美文ではないが端正で、繊細で、なによりもこの人の文章には中毒性がある。

彼の代表作であるアリスシリーズは、筆者と同じ名前の有栖川有栖をワトソン役に据えたミステリ。『作家アリス』と『学生アリス』の2シリーズが奇妙なパラレルワールドを構築している。『作家アリス』に登場する有栖川が『学生アリス』を書き、『学生アリス』に登場する有栖川が『作家アリス』を執筆しているという設定。

また、それらは同志社をモデルにした大学、あるいはその近隣の地区がベースになっているが描写は京都そのものというより、やはりパラレル世界に存在するもうひとつの京都を思わせる。そして物語はそこでは起こらず、やはり碁盤の目の外のどこか閉じられた世界で発生する。作家アリスのほうは関西が多いが、さほどここてここに土着的ではない。

有栖川有栖は隔絶状況下で事件が起こるクローズド・サークル（この分類名そのものが彼の『月光ゲーム』（創元推理文庫）以降普及したらしい）ものの名手とされる。しかし、よく考えれば京都そのものが、どこよりも閉じた密室都市なのだ。

この二重の二重構造が丹念な筆致で描かれるとき、なぜか京都がはらむ〝現実味ある非現実〟と似た蠱惑的なテクスチュアとなって読者をふわりと囲繞する。繭に籠るように心地よい読書体験である。作家アリスなら『ロシア紅茶の謎』（講談社文庫）と『乱鴉の島』（新潮文庫）、学生アリスは現在のところ最新作の『女王国の城』（創元推理文庫）が個人的なお勧め。

『女王国の城（上）』
有栖川有栖著、創元推理文庫

けれど、わたしが一番読みたいのは洛西の嵯峨野にほど近い有栖川と麻布十番の有栖川宮記念公園を背景に繰り広げられる、和宮親子内親王の婚約者だった有栖川宮熾仁親王と偽有栖川宮と有栖川有栖の三つ巴である。どちらかといえば同窓の芦辺拓っぽいプロットだが、きっと面白いはず。というか、これは芦辺に書いてもらうべきか。書いてってお願いして書いてくれるものでもなかろうが（笑）。

芦辺拓というのも奇妙な作家だ。中井英夫や澁澤龍彦に評価されただけあって、その博覧強記ぶりは圧倒的。なのだがそれゆえに正体が掴めないところがある。筒井康隆のような実験性、花登筐めいたドラマツルギー、黒岩重吾的な社会派のムード、山尾悠子的硬質な幻想性、有明夏夫を思わせる丁寧な人間造形、中村うさぎの狂気……まるで一人同志社。

百田尚樹っぽいナニカがなくてよかった。

同じ年代だし共作の仕事もあるくらいだから仲は良いのだろうが、芦辺が有栖川時代の推理小説研究会に籍を置いていたかどうかはわからない。いなかったとしたら、いわゆる同時代性《シンクロニシティ》というやつだろうが興味深い。在籍していた書き手には、寡作乍ら新本格の一角を担う白峰良介、のちに彼と結婚するミステリの黒崎緑、ファンタジー作家の加地尚武らがいる。ちょいと遅れて中西智明も同志社だ。

立命にも新本格畑に奥田哲也がいるけれど、ここまで同志社でミステリ作家が勃興した最大の理由は講談社編集者だった、故・宇山日出臣の存在が大きい。八〇年代後半から、島田荘司を擁し、東京創元社の戸川安宣とともに新本格ブームの仕掛け人となった人物である。

同志社大学を卒業後、三井物産に入社するも「中井英夫の『虚無への供物』を文庫化したい！」と熱望し、講談社に途中入社したという、ちょっと胸熱なエピソードがある。新本格を読むとき、いつも背後に『虚無への供物』（講談社文庫）の気配を感じるのはだからだったのか、と、この逸話を知ったとき目から鱗が五万枚であった。

彼の指導と薫陶とバックアップがなければ同志社ミステリ作家陣は、おそらくは綾辻を含め京大組も波に乗ることはできなかったろう。本当に惜しい人を亡くした。

わたしも『虚無への供物』がなかったらもの書きになっていなかったから、一面識もないのだけれど間接的に宇山のお世話になったといえよう。手元の奥付を見ると一九七四年六月二十日で第二刷とある。ちなみに分冊になった新装版は、あんなものは『虚無への供物』ではない。宇山日出臣の魂がこもったオリジナルを入手されたい。

濃いい作家がまとまったシン御三家

万城目学、森見登美彦、貴志祐介をシン京大作家御三家というのだそうだ。こういうものは過去の似た事例に敷衍してみれば解りやすい。つまりは誰が郷ひろみで、西城秀樹で、野口五郎なのかを考えれば彼らの特質は自ずと見えてくる。

とか遊んでるだけの紙幅が全くないくらい今日びの京大出身作家は豊穣を呈している。奇妙な果実がたわわに盛り込まれたコーニュコピエ。そんな情緒過多な形容詞を捧げたくなる爛熟だ。そこに以前紹介した綾辻行人を始めとする推理研究会出身者が加わるのだから、もはや阿呆船である（褒めている）。

シン御三家はそれぞれの作家について、いや一作品について語っても充分に面白くなりそうなくらいの小説を発表している。わたしがここで言っている【京都】というキーワードを媒体に解析を展開しても、かなり興味深い内容になるけれど、それすら短い文章で伝えるのは困難。かくも濃いい作家がまとまって出るのはシンクロニシティというにしてもかなり特殊なので、いつか評論家がまとめて語るべき文学史上の〝事件〟であるように思える。

もっとも、そこまでわたしが三人に入れ込むのは自分が京都人だからかもしれないとも考える。だってさ、この人たちの話ってほとんど京都人のため地元向けに書かれているような気がするんだもん。ほとんど御当地小説である。そんなカテゴリがあるんかどうか、よう知りまへんけど。

万城目学は経歴を見る限り非常に純粋に作家志望であり、しかし現実を見据えて就職し、働きながら投稿生活を続けたという人。いわゆる「万城目ワールド」と呼ばれる奇想天外な作風に反してものすごく真面目でリアリストなお人柄のようだ。件の映画トラブルの対応を見ても見事に大人。

「宇宙人を信じているような人はSF作家にはなれないよ」という名言があるけれど、とまれ彼の真面目でリアリストで大人な、作家として在り得べからざる常識人としてのバランス感覚こそが万城目ワールドの源泉なのかもしれない。

文章も大変に巧妙だが、美文、名文というより言語感覚が優れている。恐るべきバグの少なさ。突飛なものをすらすら読ませて広い読者を獲得できたのは、このしっかりした文章力によるものも大きい。

『鴨川ホルモー』
万城目学著、角川文庫

『鴨川ホルモー』（角川文庫）から『鹿男あをによし』（幻冬舎文庫）を経て、『プリンセス・トヨトミ』（文春文庫）『かのこちゃんとマドレーヌ夫人』（角川文庫）『偉大なる、しゅららぼん』（集英社文庫）に連なるコンスタンシーは素晴らしい。なにを読んでもハズレがない。この間に枝葉のように書かれた短編もみんな面白い。

万城目の真価は、たぶんこれから書くなにを読んでもやっぱり面白いのではないかと期待させる……じゃないな読者に信じさせてしまう力量だろう。もしかして小説にサブリミナルでも仕込んでんじゃないか？　ひょっとして万城目ワールドを構築する絶妙な現実味もそれゆえか？

だって、わたしはホルモーやってるとこ見たことあるもん。嘘だと思うなら京都人に訊いてごらんなさい。かなりの確率で「ああ、あるある」「しょっちゅう、やってはる」という答が返ってくるはずだ。

コンスタンシーといえば森見登美彦も同様。デビュー作『太陽の塔』（新潮文庫）から『四畳半神話大系』（角川文庫）『きつねのはなし』（新潮文庫）『夜は短し歩けよ乙女』（角川文庫）『有頂天家族』（幻冬舎文庫）と続く連なりは、ちょっと例を見ないくらい完成度が高いと言えよう。体感のある不思議。日常に浮遊する奇天烈。一見するとふたりの作家は似ている。ヒロミとヒデキだって当時は「見分けがつかない」という年寄りがいたものだけれど、しかしマナブとトミヒコもそれくらいは違う。

これまでも何度か京都の性質を物語る第一義として【非現実のリアリティ】を挙げてきたけれど、万城目が都市の孕むそれを顕在化させているのに対して、森見が造形するのは京の虚構性を担うもう一方のリアリティである人間——京都人たちが「けったいなひと」「おもろいやつ」と賛美する——そのものである。

そのせいか森見本人も万城目に比べると旧来の物書きイメージを踏襲しているというか、どことなくエキセントリックな匂いがする。ふたりはポピュラリティのあり方もまた似ているけれど、彼の専業作家としての独り立ちの早さは、きっとこの天性の作家性に起因している気がする。

貴志祐介は世代的には一回り以上異なる。むしろ綾辻などと同時代だ。八六年にハヤカワSFコンテストで佳作を獲っているけれど本格的なデビューは十年後、日本ホラー小説大賞佳作の『十三番目の人格《ペルソナ》 ISOLA』（角川ホラー文庫）。翌年に『黒い家』（角川ホラー文庫）で同賞の大賞受賞。という経緯。

鈴木光司の『リング』特需に沸く角川ホラーの神輿に乗せられた形だが、この人の才能は恐怖譚に留まるものではなかった。『硝子のハンマー』（角川文庫）に始まる本格ミステリ、書下ろし長編『新世界より』（講談社文庫）はファンタジー、そして大ヒットとなった『悪の教典』（文春文庫）はサイコサスペンス。そのいずれもが作家の本質と思わせるような変幻自在ぶり。共通項があるとしたら、それらはいずれもが現実を非現実がゆっくりと蝕んでゆく様、現実を虚構が撓《たわ》めてゆくいつ折れるとも知れぬ緊張感、だろうか。そう。ここでも京都的な非現実のリアリティは健在。より正確にはリアルの非現実化、だが。

芸能界の御三家が無意味なカテゴライズであるように、京大シン御三家も同じ学び舎出身の人気作家として括っても意味はない。毛利元就じゃあるまいし三人まとめたら折れ難くなるとかもなかろう。

かつて一九五〇年代初頭、京大には高橋和巳、小松左京、北川荘平、三浦浩らが同時に在学中で【京大作家集団】なるものを形成していた（当時の様子は三浦『記憶の中の青春　小説・京大作家集団』（朝日新聞社）に詳しい）。そういうものを夢見る気持ちが理解できるくらいは魅力的な作家たちではあるが。

京大作家集団の話が出たところで歴史をちょっと遡ってみよう。

シン御三家に至る京大出身小説家の嚆矢は、なんといっても菊池寛。なにしろ私費で『文藝春秋』を創刊するわ、日本文藝家協会を設立するわ、大映初代社長に収まるわ、芥川賞と直木賞を設立するわ、川端康成だの小林秀雄だの長谷川町子だのを世に出しちゃうわ。もはや怪物だ。この人が京大卒で京都に強い愛着を持っていたことは一度丁寧に検証されるべきだろう。

そんなわけで京大作家によって作られた芥川賞だが、受賞した京大作家は井上靖『闘牛』（新潮文庫『猟銃・闘牛』所収）が初。次に高城修三『榧の木祭り』（新潮社）。そのあとは平野啓一郎が前世紀の終わりに『日蝕』（新潮文庫）で受賞するまでしばらく間が空く。

芥川賞というのは作家にとって大したプレッシャーだと聞くが、平野は続けざまに『一月物語』、三年後に『葬送』第一、二部（いずれも新潮文庫）を発表。この「ロマンティック三部作」は滴るような美文で、欧州を舞台に独自の世界を結晶させた。

『丸太町ルヴォワール』
円居挽著、講談社文庫

ペダンティックという評もあるが同じ京大作家、円居挽の『丸太町ルヴォワール』（講談社文庫）なんかのほうが、よほどその言葉に相応しい。『日蝕』はひたすら華麗で、むしろ知性は美に奉仕させられている。それにしても耽美な筆致は事実だが「三島由紀夫の再来」には笑ってしまった。

個人的には現代ものや評論の仕事のほうがずっと

水準が高いと思う。論理的な思考を隙間なく積んでゆけるテクニックは初期の凝った文体よりも難易度が高い。

京大作家集団といえば大森望が率いていた時代のSF研も多士済々であった。小学校時代からの友人である藤田雅矢に連れられて会合にちょくちょく顔を出させていただいていたのだが、藤田曰く「なんでか知らんけど創作したいやつはおらんねん」とのこと。ミステリとなにが違ったのか。

藤田作品もSF研在籍中から万城目ならぬ「藤田ワールド」と呼ばれ愛されていた。『糞袋』（新潮社）でファンタジーノベル大賞優秀賞デビューして、このまま文筆にシフトしてゆくのかと思いきや非常に寡作な書き手になった。長編最新刊『クサヨミ』（岩崎書店）はまさにワールド全開で嬉しかったな。もしかしたら定年退職後に、とてつもない小説を書きそうな気がしなくもない。

イケズで対等な京都智力〝文殊隊〟

拙著『京都人だけが知っている』（宝島SUGOI文庫）を最初に大きく評価してくれたのは、いまをときめく井上章一であった。井上の著作は読んでいたし（そしてかなり好きだったし）、彼の瑠璃色の知性には感服していたし、おべんちゃらを言うひとでは決してないし、彼が京都人だということも知っていたので嬉しかった。なんというか、免罪符ゲット〜！　みたいな。

免罪符のタイトルは「洛外からのバカヤロー」。そのときはじめて井上が嵯峨の人だということを明確に認知した。彼は文中で洛外出身者のインフェリオリティコンプレックスのようなものを吐露しており、ものすごく不思議だった。あれほどの叡智と叡智を行使する術を心得ていながら、なぜそんなことに拘泥があるのだ？　そりゃあ、おっしゃる通り「嵯峨は京都ではない」のは事実だけれど。

と、問題は上記の「　」に括った部分なのであろう。わたしには嵯峨を蔑む気持ちはこれっぽっちもない。しかし嵯峨に行くときは旅行する気分だし、心理的にはとても遠い場所にある。『坊っちゃん』のキヨの「それは箱根より向こうですか?」的感覚所与はいかんともしがたい。

京都人の困ったところは、そういうのを反省するどころか、「そやかて平安時代には死後の世界に模されてた土地でっせ」と滅茶苦茶な理論武装をして勝手に納得してしまうことだろう。おまけに、そんな理論武装を論破できる人がいないのも厄介だ。試みたところで「えらいえらいセンセがそう仰るならそなんやろねぇて言わせてもらわなアカンにゃろか?」とかいう否定でしかない肯定的回答が返ってくるばかり。

そういう経験に何度もムキーッ!となった過去を総括したのが天下のベストセラー『京都ぎらい』(朝日新書)である。

本書は京都を語るうえで最も明瞭な文化論だが、論評を読む限り、プロアマを問わず彼に同調する人たちほど、まったく本書を理解できていない失笑ケースが多くて、わたしは井上の無念を慮り嵯峨に向かって涙した。いや、こっから見て嵯峨がどっちにあるかよう知りまへんけど。

本書には幾人もの嵯峨を京とも思わぬ(笑)ケシからん京都人が登場するが、やはり特別に印象的なのはフランス文学者の杉本秀太郎と国立民族学博物館顧問だった梅棹忠夫だろう。このふたりに今西錦司を加えた三人をわたしは〝京都らしい知性〟——そんなものがあるとすれば、だが――を備えた智力御三家と呼びたい。

あ、御三家の比喩は前回やっちゃったか。じゃあトリオを組ませて文殊隊とか。

まずはセンターボーカルの（もうええちゅうの）杉本。『京都ぎらい』のなかで井上は京大建築科ゼミ生だったころ調査に訪れた彼の住まい、重要文化財杉本家住宅での会話を紹介している。「君、どこの子や」と訊かれ、嵯峨だと答えたところ、それは懐かしいと感想が返ってきたという。「昔、あのあたりにいるお百姓さんが、うちへよう肥《こえ》をくみにきてくれたんや」と。

　これがイケズかどうかは断言できないけれど、充分にイケズになり得る言い回しではある。しかし同時にすべての京言葉はイケズになり得るのだ。晩年の『京都夢幻記』（新潮社）などを繙くと、イケズの達人だったのは明白だが。さて。

『京都ぎらい』
井上章一著、朝日新書

　杉本秀太郎の名書『新編　洛中生息』（ちくま文庫）などは解釈によって意味が反転する京言葉のレトリックに貫かれている。だからこそ京都の本質をみごとに浮上させることに成功しているのだが。行間から投射されたように浮上した京洛図は、まさに蜃気楼で実体がない。しかしそれこそがこの都市のありようなのだと杉本は語る。

第三章「憂鬱と理念」に紹介された信長の首洗い井戸についての一節など、このひとでなければ書けなかっただろうし、そもそもピックアップされもしなかったろう。わたしもかなりマニアックな遺構を自著で紹介しているが、ここばかりは杉本に敬意を表して記述を遠慮したほどだ。

続いて梅棹忠夫。のちに想い出話として件のイケズについて話した井上に対して、「そら、そうや。あのへんは言葉づかいがおかしかった。僕らが中学生ぐらいの時には、まねをしてよう笑いおうたもんや。じかにからこうたりもしたな。杉本秀太郎がそんなふうに言うのも、そら、しゃあないで」と返答されたというエピソードには大爆笑させていただいた。

もっとも井上章一だって続けて、その梅棹が『桃太郎』を京言葉で語った音声が国立民族学博物館に残されていることについて、彼の友人が「京都を西陣のやつが代表しとるんか。西陣ふぜいのくせに、えらい生意気なんやな」とくさした挿話を紹介して溜飲を下げているのだから、イケズではぜんぜん負けたはりませんよ。先生。

京都の言葉は大きく四種類ある。公家が起源の【御所言葉】。芸妓さん舞妓さんでお馴染み【花街《かがい》言葉】。職工たちが交わした【西陣言葉】。商人たちの【室町言葉】。杉本ら室町言葉を話す京都人が、西陣言葉の梅棹の言葉遣いが京都語をリプレゼントするものとして記録されたと知ったら、そりゃあ反駁もしたくなろう。

室町のほうが上品で、それこそフランス語的ななめらかな美しさのある京言葉だけれど、ストーリーを読むのであればリズミカルで表現力に富んだ英語的な西陣のほうが向いているだろうとわたしは考えるが。ちょっとラップに近いのだ。

そのせいか文章も杉本より梅棹のほうが、ずっと読みやすい。平易だからではない。言葉を綴るときに音を意識しているからだろう。彼は八六年に失明しており、学術系でない本はそれ以降に書かれているものが多数だから、そのせいもあろう。

杉本の『洛中生息』に相当する梅棹の著作が『京都の精神』と『梅棹忠夫の京都案内』（ともに角川ソフィア文庫）だろうか。前者は六六年と七〇年に催された講演をまとめたものなので書籍としては後者のほうがまとまりがある。しかし案内といいながら内容は彼の第一言語である民族学的な京都人へのアプローチだったりする。

『梅棹忠夫の京都案内』
梅棹忠夫著、角川ソフィア文庫

前者で面白いのは「京都は観光都市では（あるべきで）ない」という論考。杉本の思想と完全一致である。が、同じなのは結論だけ。論旨の構築や展開はアクロバティックなまでに正反対。なぜそうあるべきかという出発点からして真逆。なのに（いや、それゆえにか）最後には出会ってしまう。だって地球は丸いんだもん。

　後者の白眉は、それこそ京言葉についての省察。たとえば京都人が誰に向かっても、それが年下や身内、ときには敵や犬猫にさえ敬語表現を使うのは無階層的、市民対等意識という基本原則があるからではないかとする推論には感動した。ああ、この都市の言葉はそんなふうに考えていけばいいのかという指針にもなった。

　のちに松田道雄の『京の町かどから』（朝日新聞社）を読んだら、それは第三者の行為を客体化して示しているだけではないかとあって、これにもまた深く頷いた。英語の三人称単数で動詞にsをつけるようなものだと。彼は医師・育児評論家として有名だけれど、御父上が京都人で、ご本人も京都育ちなので京を見る視点は的確。『洛中洛外』（中央公論社）は文化論としても名著だ。

　三人目の今西錦司。梅棹忠夫のお師匠さん。生態学者、文化人類学者として数々の金字塔的研究を打ち立ててきた学者だが、わたしの知る限りでは京都についての著作はない。年代的にも違うし、べつに文殊隊メンバーにしなくてもいい気もする。京都人であるということを除けば河合隼雄とか桑原武夫でもいいじゃないかとか。

　けれど、やはりここは今西でなければならぬ。なぜならば京都語が森羅万象に敬語で接するように、彼にはいわば学問対等意識めいた感覚があったからだ。命題を探る手段として今西錦司という知性は自然科学にも社会科学にも人文科学にも均等に接することができた。学問の世界でかくも京都人的であれたのは、すんごいことである。

京の老舗は格式が高いほど、名代の改良改善に余念がないものだが、変化を恐れず、自らの説に固執することなく学問する姿勢もまた見事に京都人の作法と一致する。『今西錦司全集』（講談社）の後半、十から十三あたりは学術だと敬遠せずに読んでみる価値は大あり。はっきりいって杉本秀太郎よりも読みやすいと思うし。

因果、因縁、因業を描く嶽本野ばら

　作家が捕まったとき、刑事事件を起こしたとき、なにかの間違いだとは思わなくとも肩を持ちたくなるケースがある。同業者ゆえのシンパシーとかではない。もっと刑期が延びればいいのにと鼻の穴が広がる文筆家だって少なくないし。とりあえず牢屋に繋いどきゃいいのに、とか。

　しかしたとえば花輪和一が投獄されたときなんか、ほとんど腹を立てたものだ。まあ、かの名作『刑務所の中』（講談社漫画文庫）が生まれたのだから、せめてタフな経験が無駄でなかったことを寿ぐしかない。

　もうひとり近年で切なかったのが嶽本野ばら。大麻取締法違反で現行犯逮捕されたときは執行猶予で済んでほんとうにほっとした。と、思ったら似たような再犯で、前回の期間満了後だったがゆえ此度も執行猶予がついて再び安堵した。はらはら。

わたしはドラッグ解禁派ではない。それらが執筆に限らずクリエーションの扶助となるという考え方にも甚だ疑問がある。が、嶽本は許せてしまう。この人の書くエロやグロや反社会的な思想には露悪的でありながらいつも峻厳な一線——美学——が引かれており、稀に逸脱するときもしっかりとそれを意識している。つまり人として〝信じられる〟作家だからだ。

嶽本野ばらがやったことなら、それが現代社会でいけないことだとされていてもなにか明確な、作家にとってせざるを得ない衝動があったのだろうと思わせられる。

彼は京都（宇治）出身。作品傾向からして、いかにも洛中洛外を舞台に碁盤の目が軋むような稗史小説をものしてくれそうなのだが、まだ自分が生まれ育った土地を舞台にした物語には本格的に着手していない。知っている範囲では『カフェー小品集』（小学館文庫）などにちらと登場するくらい。感覚が肉体的になるまで丁寧に取材を重ねる人のようなので、ゆっくりと料理してゆくつもりなのかもしれない。

逮捕後、京都に帰ってこられているという話だから、それだけでも嶽本の『刑務所の中』を期待せずにおられない。

顚末を語った『タイマ』（小学館文庫）を上梓しているのは知っている。けれど、わたしが期待するのは彼自身の告解というよりも『エミリー』（集英社文庫）や『ロリヰタ。』（新潮文庫）、近年ならば『通り魔』（小学館）などこの作家でなければアプローチし得ない【人間】の深いところにある極光《オーロラ》色の業を張り巡らせた物語の厨子である。

　京都人の胎でしか育たない因果、因縁、因業を描けるのは現代の作家では嶽本野ばらしか考えつかない。

　わたしが嶽本に近い敬意を以て著作に接している京都の書き手に鏡リュウジがいる。おそらくかなりの読書家でも、オカルティズムや中世以降の錬金術をはじめとする偽科学に興味のない人たちは彼を占星術師と認識しているのではないか。声を大にして言いたい。彼の本質は文筆家である。

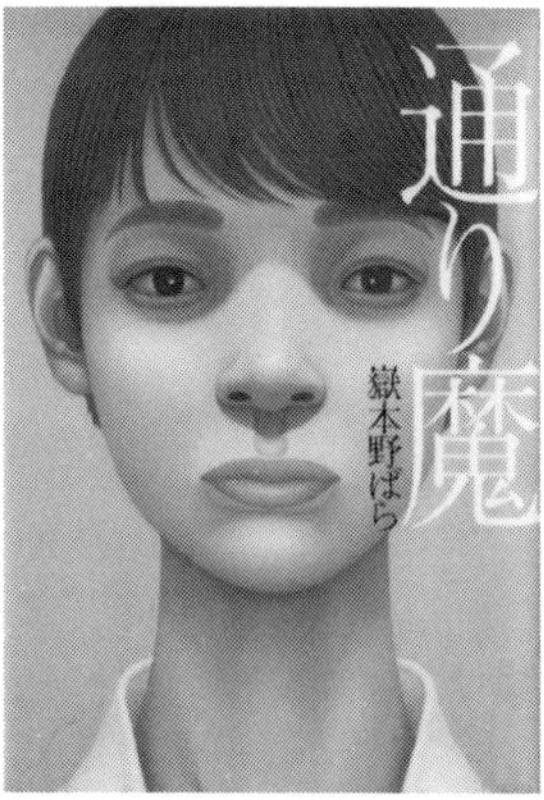

『通り魔』
嶽本野ばら著、小学館

　実際、数々の雑誌で「今月の占い」を連載しているしTVにもその肩書で登場して端正なトークを披露している。が、わたしは知っている。鏡の興味と扱うテーマがアストロロジー周辺にあるだけで、そこへのアプローチもその表現方法も作家以外のなにものでもない。というか作家として彼の著作を読めば資質はすぐに見えてくる。

　著書数がかなりあるので取っ掛かりが難しいのだが近年出版された中では『占星術夜話』（説話社）が素晴らしかった。個人的には学術系に偏った『占星術の文化誌』（原書房）や、共著だが鏡の博覧強記がものを云う翻訳書『世界史と西洋占星術』（柏書房）なんかも激しく推薦したいのだが、この分野における基礎体力を読者に要求する著作なので若干の躊躇がある。

本書は六〇の短い随筆を編んだエッセイ集だが、それこそ古代のギリシア人たちが天空の星座に幾多の物語を発見したように、星にまつわる様々なエピソードが歴史や文学、芸術や自然現象などを通してきらびやかに描かれる。ところどころに、いかにも京都人的なアイロニーや諷刺精神が顔を出すのも同郷人としては嬉しい。じょーずに隠してはるけど（笑）。

京都関連では『京都&イギリス パワースポット巡礼』（マガジンハウス）というのがあって、これもタイトルからは想像もつかないシリアスな本。そういうものを信じていない人たちに読んでいただきたい。

鏡リュウジは学術と思わせないで濃厚な知的世界へ読者を導く異才だが、八木晃介の著作は学術以外のなにものでもないのにページを開くとまるでエンターティンメントでもあるかのように読む人間を巻き込んでしまう学者である。

フィールドは社会学だけれど、新聞記者時代を経ているだけあって、机上から降りて地に足の着いた視点から現象を眺めることができるのが彼の稀な美質。ほとんどノスタルジックなまでの理想論を裏声で叫んでいるようなナイーブな書き手が犇めく【差別問題】を論じつつ、どこまでも現実的であろうとする姿勢が美しい。

鏡同様推薦図書の選考が難しいのだが、ここでは『「排除と包摂」の社会学的研究　差別問題における自我・アイデンティティ』（批評社）と『〈癒し〉としての差別　ヒト社会の身体と関係の社会学』（同）を挙げておこう。ネトウヨ脳の持ち主、パヨク脳の〝感じ悪い〟人たち、どちらもが眉を顰める名著といえよう。このあたりのバランス感覚はいかにも京都人！という感じ。

個人的には禁煙ファシズムを取り上げた『健康幻想の社会学　社会の医療化と生命権』（同）に大変感銘を受けた。わたしは三年前まで愛煙家だったが現在はまったく吸っていない。けれどいまでも気持ち的にはスモーカーサイドに立っている。このあたりの機微を伝えるのは非常に困難を伴うのだけれど、とりあえずこれを読んでもらえば理解していただけるはず。

理解を拒む怠惰な知性や、理解の努力もせず喫煙者をとりあえず排除しようとする偏見の徒はこちらからお付き合いをご免被るので本書が出てからとても楽ちんになった。嫌煙のみなさんの必読書である。

さて、最後にいままでのテーマに収まり切れなかった三人の京都人文筆家を紹介した。これまで長々とお付き合いありがとうございました。鳴くよ鶯から始まって千二百年余、京都を描いた、京都で描かれた、京都人が描いた、京都人が描かれた本を紹介してきたが、この奇妙な都市の本質を知るための書籍はほぼ網羅できたと自負している。

とはいえ記憶力に問題があるうえ、うっかり者なので洩れてる本もきっとあるはず。なかには意識的に外した作家や作品もあるし（笑）。有名なのに取り上げられてない！　売れたのに見当たらない！とかいう本があったら、よほどわたしのアンテナにひっかからなかったか、あるいは「この人は京都を私欲に利用しているだけ。愛情なんか親不知ほどにもおへんやろ？」と判断した場合である。これだけは受容し難い。いっそ牢屋にでも繋がれちゃえばいいのに。まあ、それは誰なのか該当しそうな書き手を探していただくのも一興かもしれぬ。ちなみにこういうのは京言葉で【イケズ】でなく【アタン】という。

　連載の中ではけちょんけちょんにイケズした作品もある。だが京都ではイケズされるうちが花。どんなに自分にとっては無意味な本でも価値観は人それぞれ。だから基本的に無視はしない。京都は村社会に似ているといわれるが、京都人は村八分の代わりにイケズで対応する。いかなときもコミュニケーションを忘れないのだ。

『もうひとつの京都』
アレックス・カー著、世界文化社

　さて、最後に一冊、シンプルに好きな京都研究の本を再度紹介してペンを置こう。

『もうひとつの京都』（世界文化社）。著者はアレックス・カー。アメリカ出身の東洋文化研究者だが、オックスフォードで修士を取得しているせいか多面的で重層的な観察ができる書き手。第七回新潮学芸賞に選ばれた『美しき日本の残像』（朝日文庫）も見事な陰影礼賛だったが、こちらはさらに美しいディテールの集積。

お洒落な版元とは思えぬ酷い装丁だけが問題で、あとはほぼ完璧な「外から」の京都観察記録となっている。日本人がこれを書けなかったのは悔しいねえ。たぶん、これ以上の類書はしばらくは望めないだろう。日本の文化への畏怖が根本にあるので上から目線もない。その醜さや醜さゆえの魅力にまでも迫ってくれたのは京都人として感謝の念に堪えない。

聴く京都

ボブ・ディランがノーベル賞を貰ったのには驚いた。いや、確かに悪いとは思わないけれど、ブンガク的な歌詞（歌詩という字を当てる人もいるが、わたしは大嫌い）を書くソングライターはほかにもいっぱいいいるじゃないかというのが正直な感想。だって、ディランって、学生街の喫茶店でガロが聴いてるような音楽よ？

ただノーベル賞の価値はさておいても、こういった権威によってリリックというものが〝言葉による芸術的表現〟として認められたというのはめでたいことではある。日本人、歌詞を粗末にしすぎ。いや、歌う側でなく聴く側が。とりわけ洋楽の尖った（失笑）ジャンルを好む人たちは理解力が乏しい。なんでしょ、あれ。

京都というのは日本における異国なので、むかしからしばしば歌謡曲の舞台になってきた。ただこの街のご当地ソングは他の都市とはかなり毛色が異なる。

東京や大阪が歌の背景にあるときはたいがいがそこで生まれ育っているかいないかは別として歌の主人公はそこの住人である。あるいは【都市／都会】の象徴として登場するにとどまる。沖縄や東北の小都市（『襟裳岬』なんかもそうだが）が【地方／田園】を表顕するのと同じだ。それらの真逆にあるのが横浜や神戸、長崎などの港町。そこは海外の玄関口、プチ外国であり、登場人物もまた街を通過点としてしか考えていない。

京都はそのどちらでもない。チェリッシュのデビュー曲『なのにあなたは京都へゆくの』（'71）は代表的な京のご当地ソング。これは別れの曲。上洛する恋人に向かって〽京都の町はそれほどいいの　この私の愛よりも　などと歌われる。一見、太田裕美の『木綿のハンカチーフ』的世界のようだが、どうもこのカップルは東京住まい、少なくとも地方在住ではなさそうなのだ。

つまり京都の遠さは心理的距離である。

京ソングの嚆矢となった歌にデューク・エイセスの『女ひとり』（'65）がある。旅というものの本質を理解していた永六輔の作詞が素晴らしい。この歌の〽京都大原三千院　恋に疲れた女がひとり　という出だしは平家物語と並ぶくらい有名だろう。

物心がついたばかりの時代のヒット曲だが、わたしはこれを「京都、大原三千人」だと思い込んでいた。子供のゆえの聞き間違いなどではない。観光地である大原は山奥であるにも関わらず毎日三千人もの人が訪れる。しかしその人ごみのなかでも私は孤独を感じる。……と解釈していた。

別れて独りぼっちになる前に、独りとはどういうものなのか味わうため京都に来はったんやな。ここは心理的な隔絶があるがゆえ。と、言語的に認識していたわけではないが、それに近いニュアンスは理解していた。幼稚園児でも京都人は知っているのだ。

だが、大ヒットした京ソングといえば、こんにちでもまず思い出されるのは渚ゆう子の『京都の恋』『京都慕情』（ともに'70）であるに違いない。ただ意外なことに前者はカバーだったりする。これがベンチャーズの曲だということは知られているが、最初は京都になんのかかわりもなかった。なにしろ米国での題名は『EXPO'70』。そう、万博記念盤だったのである。

『京都慕情』
渚ゆう子、東芝レコード

ジャパンといえばゲイシャガールじゃね？　というアメリカ的なメモワール・オブ・ゲイシャ精神によって日本発売タイトルは『Kyoto Doll』で、ほんじゃあ歌詞はその路線でいきましょうかね、と、『京都の恋』に落ち着いた。

あくまで曲優先だったためか、握手会もなしに八十五万枚も売り上げたにもかかわらず、この曲は存外歌詞がぱっと出てこない。まあ、それも仕方なかろう。歌の主人公が感傷旅行をしているだけで、なんの工夫も捻りもないからだ。一片の風景の描写すらもないのだからご当地ソングとしてはかなり特殊な部類。「白い京都」と何度か繰り返されるが、なんのこっちゃである。が、ヒットの影響力はすごい。以来量産される京ソングの半分はこの曲に前へ倣えしちゃうのだから。

歌詞という点では続く『京都慕情』のほうが実は大きな意味を持っている。こちらもベンチャーズサウンドであり、ほとんど自動的に言葉はメロディに奉仕させられてしまうので歌詞として優れているわけではないのだけれど、こちらには固有名詞がしつこいほど羅列されるのだ。そして主人公は【京女】。これは京ソングのもう一方の主流となる。

研ナオコの『京都の女の子』('72)の歌詞が〽苔寺の静けさも京極のざわめきも五条大橋三条も どこも似合うよ 京都の女の子 と端的に物語るように、存在しない幻想の女ゆえに人は惹かれるのだろう。京女とはツチノコのようなものだと、この都市のご当地ソングを聴いているとみえてくる。

ちなみに渚には『京おんな』('73)『京都ひとり』('97)という楽曲もあるが、これらは前者と後者のハイブリッド。京ソングの女王にして大ヒットに至らなかったのはそれゆえか？　小柳ルミ子も前者の『京のにわか雨』('72)と後者の『ひとり囃子――〝祇園祭〟より――』はかなり人気があったけれど混合型の『だから京都』('98)はさっぱりだったし。

たぶん例外ヒットは藤圭子の『京都から博多まで』('72)くらいかもしれない。男を追って都落ちする歌。〽京都育ちが博多になれて可愛いなまりもいつしか消えた　ひとりしみじみ不幸を感じ　ついてないわと云いながら……めっちゃ切ない。京女とは洛中から出ると生きていけないツチノコなのか。

けれど実際は、京女ほど図太い生物は少ない。いや、京都人は男も暖簾に腕押しのようでいて、のらりくらりとしたしぶとさ、したたかさがある。京都人というのは、どこへ行っても京都人として暮らせるので場所も選ばないのよね。

そういったリアルなこの都市の住人の人間性を歌った歌は知っている限り、くるりの『京都の大学生』（'08）しかない。これ、すごいよ。京都人を、京都を、たった五分の中で表現しきっている。小説を含めても、ここまで完全に千年の古都の本質をポエジーに変換してしまった例はないかもしれない。

作詞、作曲、ボーカル（ギターも）を兼ねる岸田繁は日本には珍しい作家タイプの歌詞の作り手。ムーンライダースの鈴木慶一、キリンジの堀込高樹と並ぶ、ほんまもんの言葉のアーティストである。おまけに岸田は生粋の京都人。上《かみ》のほうに住んだはる立命出のぼんぼん。外見もしゅっとしたはる

『僕の住んでいた街』（「京都の大学生」収録）
くるり、ビクターエンタテインメント

し、けっこう怖いもんなし。

『京都の大学生』は、その歌詞のすべてを書き出して詳細に解説したいくらいの深層がある。七割は作家としての観察眼と計算された言葉の選択による成果で、三割は〝そういうバックグラウンド〟からしか導き出され得なかった天然の美だろう。

〝四条烏丸西入ル鉾町生まれのお嬢さん　えらいちゃんとしたカッコして何処行かはんにゃろか——この出だしだけで、ものすごい情報量がある。ただし京都人にしか解らないかもしれないが。

「四条烏丸」は京のど真ん中。しかしそこは町名ではなく、また「西入る」でもなく、ちゃんと正しくカタカナで「西入ル」と送って表記しているような昔ながらの街。暮らす人々がそういうことを大事に考える地域だ。おまけに鉾町。千年前から役割を担っている。即ち都に緊縛されている。「お嬢さん」は誇り高く息苦しい。

「何処行かはんの?」というのは京都人の挨拶で、ようは詮索なのだが返事は「へえ、ちょっとそこまで」と決まっている。しかし疑問符からも知れるようにお嬢さんの隣人は実際には訊くことができないでいた。なぜなら気楽に声をかけられないような張り詰めた感じを彼女が漂わせていたからだ。また、早足でもあったろう。

しかも「えらいちゃんとしたカッコして」いるのだから、なにかオフィシャルな理由があるに違いない。冠婚葬祭にかかわるなら鉾町の隣組として知るべき情報があるかもしれない。あとでおうちにお邪魔すべきやろか。そう考えながらお嬢さんを見送る近居のおばちゃんの姿。京都人ならばそこまでの情景がこの一節から瞬時にして見えるし、また見えている必要がある。のだ。

この曲は語られるストーリーとは別に、あまりにも濃厚な京都の体臭ゆえに、京都人のアンセムともなるべき歌だろう。聴いてると、まるで京都にいるような気がする。圧倒的な幻視に眩暈がしそうだ。

同じようなヴィジョンを伴う歌の表現者をほかにひとりだけ知っている。重森三果である。邦楽歌手、といえばいいのだろうか。CD『四条の橋から』('06)に収められた伝統音楽はすべてが京都の民謡や花街《かがい》の遊び唄ではない。けれど視界が開けるように聴く者を京へと導く。いつか彼女に『京都の大学生』を歌ってほしいなとわたしは夢想している。あ、それから赤い鳥の『竹田の子守唄』('71)ね！　京都人が忘れず歌い継いでゆくべき一曲だから、重森のような真の表現者に音源を残しておいていただきたいのだ。

京都本の10冊

『本の雑誌』の名物コーナー「この作家この10冊」にあやかって、京都本を10冊選んでみた。すなわち、これらを読めばたちまち玉虫色の京都の魅力が理解できてしまうという〝解放のテクニック〟みたいな10冊である。けれど、これらを読んでも決して『京都検定』には受らないが。謝んのはタダやし謝っとこ。どーもすんまへん。

もちろん、これらは本書内で、それぞれのカテゴリに区分されて既に紹介されている。が、異なるジャンルのものを敢えて一緒くたにすることで、ラプラスの悪魔を召喚してみようという、これは試み。まあ、へたしたら変なもんが姿を現してもーて怖い目に遭うかもしれまへんけど。どーもすんまへん。

というわけで以下は「京都本ベスト10」ではない。好きか嫌いかと言われたらもちろん大好きで何度も読み返している本ばかりだけれど、もしかしたら「お勧め京都本10選」ですらないかもしれない。あくまでこの奇妙な都市を読み解く手引きとしてページを開いていただきたい書籍たちである。

そしてできれば一冊二冊ではなく、これらをすべて、興味のあるなしを越えて通読していただきたい。そうすることで必ずやメスカリン幻覚のごとく見えてくる洛中があるはずだ。

ほらね、あなたの目の前でゆらゆら揺れている、それが京都だ。

それでは一冊目。わたしがピックアップするのは**『京都魔界めぐり』**。

いまでこそ、かなり突っ込んだ内容の京都＝魔界本が出版されているけれど、それらの魁となったのが本書である。それこそ「京都人だけが知っている」ようなことが、わんさと書かれていて初読時は驚いた。それは、よそさん〝も〟こんなことに興味があったのか！という驚きでもあった。

世にいう京都本ブーム、とりわけディープな京都、秘密の京都、隠れ家としての京都的なものに焦点を当てた京都本の嚆矢は僭越ながら拙著『京都人だけが知っている』（宝島SUGOI文庫）だとされている。本書はその原点にある。

このムックで取り上げられている各々の事象の分析を精査すると物足りないものも正直散見される。が、よそさんの限界といっては失礼かもしれないけれど京都人でなければ感覚的に認識しづらいこともけっこうあるので一般向け娯楽書としては充分だろう。かつて別冊宝島が輝

㈠『京都魔界めぐり』小松和彦ほか／別冊宝島EX

路地裏の魔所から有名神社の奥宮まで、伝説と謎に満ちた18コースに迫る魔界都市京都の実体験ガイド

㈡『新編 洛中生息』杉本秀太郎／ちくま文庫

洛中の町家に生まれ育ち、ヨーロッパの文物にも通暁した著者が徒歩速度で捉えた京都の日常生活の姿

㈢『つくられた桂離宮神話』井上章一／講談社学術文庫

日本美の象徴として絶賛された桂離宮。その神格化が周到に仕組まれた虚構だと実証する画期的論考

㈣『もうひとつの京都』アレックス・カー／世界文化社

京都を舞台に、「門」「塀」「床」「襖」といった当たり前の事物を独自の切り口で読み解くエッセイ

㈤『九鬼周造随筆集』九鬼周造／岩波文庫

偶然論を語りながら無常を思う「青海波」など、『「いき」の構造』で知られる哲学者の随筆集

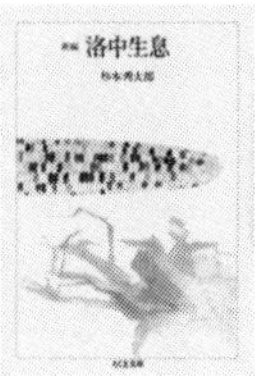

㊅ 『京都』林屋辰三郎／岩波新書

太秦、祇園祭、嵯峨・宇治・大原…京都を愛し長くこの地に住む歴史家が遺跡をめぐり時代を再現する

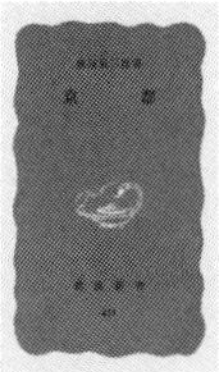

㊆ 『丹波の古陶』柳宗悦／日本民藝館

柳宗悦が「最も日本らしき品、渋さの極みを語る品、貧しさの富を示す品」と評し蒐集した古丹波をめぐるエッセイ。図録も豊富

㊇ 『茶花遊心』堀宗凡／マフィア・コーポレーション

長らく修道した裏千家を離れ、独自の茶道に生きた〝最後の数寄者〟堀宗凡。稀なる茶人の花と和歌と人生の記録

㊈ 『京料理のこころみ』柴田日本料理研鑽会／柴田書店

京都を代表する名料亭の六人が、毎月一度、ひとつの素材をテーマに検討を重ね、調理、試食する

㊉ 『和宮様御留』有吉佐和子／講談社文庫

公武合体のため将軍家に降嫁することとなった皇妹和宮。しかし江戸へ降ったのは身替りの少女だった

いていた時代を思い出させる。

事実、これが出版された一九九四年以降でこれ以上の類書はさほどない。京に犇めく【非現実のリアリティ】を親切に指さしてくれている本だ。この表面的に京都の「らしさ」を担う重要な特性を、平明な言葉で解体しようとしてくれたことを、わたしは心から感謝している。

では、よそさんの限界を突破した先に拡がる京都を書いた書籍はあるのか？　というと、ちゃんとある。『**新編　洛中生息**』がそれだ。京都を象徴する知性、杉本秀太郎の洛中幻視行。この街は歩かなければなにも確と見えはしない、姿を捉えられないと教えられた一冊である。碁盤の目の荒廃を嘆く杉本の虚無感は共鳴が難しく、虚無感の浸食を阻む彼のアロガンスはさらに近寄り難い。しかし敢えて時間軸を取り外したかのごとき京の観察記録から目を離すこともまた難しい。歩きながら遠めに本物の怪異を眺めているような空恐ろしさ。

それにしても【徒歩速度でしか可視化しない】都市の性質を知らないで京都について書かれた本が多すぎる。

三冊目は、その杉本に学生時代イケズされて業を煮やしていた井上章一の著作。あえて『京都ぎらい』ではなく彼の本職である建築関係から『**つくられた桂離宮神話**』を。京都人独自の見方、観察・分析・認識の醒めた解析能力がこれほど整然と働いた書物も珍しい。

桂離宮の美を【共同幻想の構築物】として捉えなおした本書は、案の定ものすごい批判を浴びるのだが、それらの論難が見事によそさんの限界を露呈しているのが興味深い。ほとんど暗示的ですらある。宿命的に暗示的だ。

アイドルなんかで個々のパーツはさほど愛くるしくないのに俯瞰すると絶妙のバランスで超絶可愛くみえる子がたまにいるけれど、桂離宮ってそういう感じ？とかわたしは本書を読みながら考えていた。よう知らんけど。

もちろん京都のすべての美が共同幻想なのではない。日本人が陥りやすい〝美しい誤謬〟から解放され、さらに遠く離れた視座から研究を重ねた都市観察記録『**もうひとつの京都**』で、著者のアレックス・カーが鮮やか示したのが京都とは【ディテールの集積】であるという真理であった。それは実際にここで生まれ育っても存外気づけない気質だ。

それこそ杉本秀太郎が偏執狂的に嘆くこんにちの京の醜さは、現代でも審美者として揺るぎない存在である白洲正子などの唱和も加わり静かな湖畔の森の陰で郭公が啼くがごとくに断罪されているけれど、むしろより遠方に意識を飛ばすことで細部に宿った美が際立ってくることを本書は教えてくれる。

むろん府政・市政やよそさんの乱入による破壊は目を覆わんばかりだ。たとえ一過性であっても『ONE PIECE』とのコラボだのなんだのといった卑しい〝企画〟のひとつひとつが京都にダメージを残してゆく。しかし巨大なものは崩落するとも、細かなものは存外と丈夫。象が踏んでも壊れないのだ。

とはいえ杉本の言葉から読者は彼のいう美しかった頃の京都を想像することができるのだろうか？というのが長年わたしは疑問であった。美が健全であり健在であり顕在していた時代の証言者としては九鬼周造のほうが優秀ではないかと思う。確実にいえるのは彼は理想の京都を視ていたということだ。**『九鬼周造随筆集』**は、それを証明する一冊。

彼の名著『「いき」の構造』は師事したハイデッガーの解釈学的現象学を、それまでは「情」の世界として解釈されてきた日本の美に敷衍したものだ。〇の大小だの数字だので書かれていた箏曲始め邦楽の楽譜に音符を持ち込んだような仕事であった。本書はこの思考法が京都に向けて発露している、しようとしているのを垣間見ることができる。

九鬼による『京の構造』が完成しなかったのは無念だが、この都市を検証するにはハイデッガーが批判的に摂取したフッサールの**【超越論的現象学】**をむしろ必要とする気がするので難しかったかもしれない。

京都人が八百万の神を（ときには仏教的な信仰対象をも含めて）「まんまんちゃん」と総称するような感覚はトーテミズムとしてレヴィ＝ストロース的解釈認知も可能だが、フッサールを引くとより明快になる。

だとすれば暗黙の前提として世界関心の枠組みが存在するわけだが、これを鮮やかに提示してみせたのが林屋辰三郎の『**京都**』。この街を律する伝統や因習をただの反復と認識しているうちはなにも見えていないのと同じ。たとえば水をためる壺のように、京を成立させている枠型なのだと理解すべきだ。

つまりこの都市が擁するに至った【様式とは緊縛ではなく箍《たが》】なのである。

京都人にとって京都は＝世界である。すべてがあると考えている。ただ水の満ちた壺でしかないかもしれないが、それは海のように広い水瓶だ。「井の中の蛙」と誇られても、奈落より深い井戸があることをご存知あらしゃりませんようで、と、笑っている。

だがそれで世界が完結していると思い込むほど彼らは馬鹿でもない。ちゃんとその外側に何倍も広い異界があることを認識している。世界は、それを支える巨人《アトラス》がいなければ崩壊すると解っている。きっと底の尖ったアンフォラのごとき不安定な壺なのだろう。京の支え手たる巨人の名を「洛外」という。

柳宗悦は異界に通ずる穴へ手を伸ばし、向こう側からひょいと〝いいもの〟を掴んでくる奇術師のごとき人。『**丹波の古陶**』はそんないいものコレクションなのだが、それこそフッサールの唱える「意識」の相関者「対象」でもあるかのようだ。【洛外は洛中の現象学的相関対象】なのである。

柳はいう「古丹波は人間の作つたものとはいふが、それよりもつと自然さが導き出す品物なのである。だから人間の罪咎が入る余地のない世界での仕事なのである。不完全とはいふが、不完全さがそのまま大した強みに甦つて了ふ」（随筆部三〇ページ）と。これらの言葉がまさに相関的に京都を物語る。

反面、京都には源光庵の悟りの窓の先に洛外の風景を眺めつつも、こちら側で身じろぎもせず京という水際立った水瓶に花を活けようとしたひともいた。それが堀宗凡なる茶人だ。彼の著書『**茶花遊心**』はその記録。収録された図版を眺めていると、まず思い浮かぶのは矜持という概念である。

矜持の意味を調べると辞書的には「プライド」「自負」「自尊心」ということになるのだけれど、それらとは根本的に異なる。最大の違いは根拠、あるいは心理的背景《バックグラウンド》のあるなしである。そしてなによりも律されている、ということになるだろうか。

おそらく【矜持】こそが京都を客体化させる最重要キーワードである。『作庭記』よりれんれんと連なる、京が京であるための構造論ともいえる。あたかも花唐草のOgeeのごとく美しい。器に活けられた植物という局所論の極みが、都市のイド、自我、超自我を水盤占いめいて照覧させてしまうのも京都ならではだなあ……と思う。

だがしかし京の矜持をなによりも体現しているのは碁盤の目の裏に表にしっかりと根づいて京都人たちの生活を支えている職人たちだろう。この都市が語られるとき、しばしば引き合いに出される「町衆文化」というのは多分に幻想を含んだものではあるが、そのベースとなる職人技術はしっかりと生き残っている。

彼らの仕事を追った書籍や彼ら自身による職人論的な著作は数多い。しかし、そのなかでも群を抜いて京都的、京都人的な一冊はと言えば『**京料理のこころみ**』にとどめをさす。

料理人の〝作品〟は手がけたものが後世に残らないので、職人というカテゴリに一瞬違和感があるかもしれない。が、柴田日本料理研鑽会――京を代表する名料亭の幾代目かによる親睦グループ「芽生会」――の面々が八六年一月から八八年十二月までの三年に亘って月刊『専門料理』誌上で展開してみせたのは職人技術の粋であった。

だがなによりも、そういった食の体験や食生活の歴史を持っていなくても、料理が作られた後で持たれる反省会・懇談会を読むことで読者が追体験できるところに本書の素晴らしさがある。どこを探してもここまで京都人によるリアルに京都らしい言葉のやりとりが収録された書籍はないと思われる。少なくともわたしは知らない。

世阿弥の『風姿花伝』(岩波文庫)よろしく、茶道の聖書『南方録』(淡交社)よろしく、京で育まれた文化はその技術を感情論やセンティメントで誤魔化さず、端的な言葉で理知的に解題しようという試みが持たれる。谷崎の『陰翳礼讃』(中公文庫)や辻嘉一の著書などにもそれは観察される。そういった【情緒の言語化】を読めるのが本書の稀有な特色といえよう。

とはいえ、べったべたの京都語と京言葉による言い回しが横溢するそれは、馴染みのない人にとっては外国語のようではあるかもしれない。でも、これは共通語に通訳しようがないのだ。

確かに京都の言葉は難しい。なにしろここまで修辞の発達した言語文化を擁していた都市なんて世界中を探してもそうないのでボキャブラリーもさりながら恐ろしくイディオムが無駄に豊富なのだ。ネイティブでなければ使いこなすのは無理なのかもしれないと一瞬思うけれど有吉佐和子の『**和宮様御留**』のように完璧な京言葉を駆使した小説も存在するので不可能ではないのだろう。

もっともこれ以外で非京都人《よそさん》が京都語を駆使できた例は稀も稀。赤江瀑作品ですら喋らされてる感がキャラクターにある。比するに本書の登場人物は名優ぞろいなのだ。ちょうどマギー・スミスやジュディ・デンチがヴィクトリア時代の英国英語を喋っている感じ。もしかしたら当時とは微妙に違っているかもしれないが演技力ゆえに圧倒的なリアリティを獲得するに至っているわけ。

冒頭で京都を知悉するためのキーワードとして【非現実のリアリティ】を提示したが、これは逆もまた真なりで【現実のファブリケーション】も重要なファクターであったりする。有吉の名作はまさにこれを体現している。「事実は小説よりも奇なり」なんて小説など読んだことのない連中の言種もいいとこで、この言葉がただの陳腐な紋切り《クリシェ》に過ぎないと本作は鮮やかに徴憑している。

ちなみに両者の間を行きつ戻りつしている作品もある。代表的なのが万城目学の『鴨川ホルモー』(角川文庫)。この都市を舞台にしたからこそ成立した小説という意味では金字塔といえよう。

そんなわけで十の京都的エレメンツから十冊を選んでみた。もちろん十冊から十の京都的エレメンツに辿り着くこともできるし、そうあってほしいと願っている。わたしは臆面もなく京都が好きだけれど、なぜ好きかという理由がそれら京都が京都であるための因子だからである。

なぜ、こんなにも知ってほしいと願うのかはわからない。わたしにかぎらず京都人の京都マニアぶりは夙に有名である。ある種の自己承認欲求なのかもしれない。あるいは前述した【矜持】のなせる業だと分析することもできよう。

わたし自身が書こうとしている京都のエレメンツがあるとすれば、それは【知れば知るほど解らなくなる】ってことだろうか。実際、京都検定的な知識はまったく持ち合わせていないし。って、あれ?待てよ? ということはこの本もまた、そういう性質を持ち合わせているわけか。ならば京都を知るための十冊は、京都が解らなくなるための十冊でもあるのだ。

解らないものを解きあかす歓び。解きあかすほどに解らないものが増殖してゆく驚き。京都本の、いや、京の愉悦はそこに集約されている。

あとがき

京都本については「ほぼ網羅できたと自負している。」なんて連載時の最終回で書いたとたん、それが掲載された号に『左京区七夕通東入ル』（小学館文庫）という小説の広告が掲載されているのを発見。どうみても京都ベースの小説である。笑った。

瀧羽麻子という作家も、この作品もまったく知らなかった。どうやら人気もあってシリーズ化されているらしい。わたしのアンテナの感度がいかに鈍いか、あるいは偏っているかが早々に証明されてしまった。焼け石に水かもしれないけれど、これはやっぱり読んでおかねばなるまい。担当様にお願いして送っていただいた。

で、読んで納得。アンテナに引っかからなくても当たり前かもしれない。本文が始まって五枚目。十三ページにして、いかにこれが「読まなくていい」京都本かわかっちゃったからだ。主人公が住むワンルームからは鴨川が見下ろせるらしいが、目の前の川端通を南に下がると出町柳の駅に出るというのだ。

あんた、それ高野川や。

そもそも鴨川は出町柳から南であり、それより北は賀茂川である。

いや、べつに地理的に正しくない表記があってもかまわない。大御所の書いた小説にだって間違いはしこたまある。けれど、この小説は『なんとなく、クリスタル』における店名やブランド名のように地名が登場し、それが臨場感を醸し出す仕組みになっているのだ。しょっぱなにこんな単純ミスはだめでしょ。

おかげでこの後に展開するロマンスもキャラクターのリアリティも登場人物たちの心理もなにもかもが嘘っぽくなってしまった。

もっとも、そんなことにこだわるのは京都人だけかもしれない。非京都人《よそさん》からしたら鴨川も賀茂川も高野川も同じなのだろう。だが、それらを混同してしまうような作家の作品は京都本ではない。京都のイメージをいいように利用しただけの三文恋愛ドラマだ。

もっとも本書は京大と京都市内を舞台にしてはいても誰一人京都人が出てこない。書けなかったのか、理解できなかったのかはわからないけれど。物語そのものの薄っぺらさもなかなかすごくて三百ページ以上を費やしながら、やはり女子京大生を主人公にした岸田繁（くるり）が歌う『京都の大学生』のワンコーラス三秒以下の質量しかない。

『珈琲店タレーランの事件簿』なんかも似たテクスチュアがあったけれど、こういう京都モドキ小説はこれからも増えていく予感がある。それだけ読者の憧憬をかきたてるポテンシャルが都市にあるのだと考えれば喜ばしいことなのかもしれない。いっそ山村美紗の書く京都くらいパチもんぽかったら余計な心配しなくていいのだけれど。

まあね、光あれば影ありではないけれど、いくら偽京書《モドキ》が出版されても、ほんまもんもまた書かれるのが京都だ。それこそ前述した岸田繁のエッセイ集『石、転がっといたらええやん。』（ロッキング・オン）も先日発売されたばかりだし。まだ未読だけれど超絶楽しみ。読む前から最高の京都本の一冊とか言ってしまいそう。

影を読んでしまったら光を読めばいいじゃない。パンがなければお菓子を食べればいいじゃない。京都百読はやはり正しい。

⁂

さてさて毎度ながら担当をしてくださっている浜本茂『本の雑誌』編集長には感謝することばかりです。連載半ばには共通の友人を亡くし、けっこう辛い思い出もこの本には染みています。彼女の感想が聴きたかったですねえ。本を肴に一緒に飲んで喰ってしたかった。まあ、こんど帰国したときは、あっち側から打ち上げに参加してもらいましょう。

そしてまた今回も、装丁の金子哲郎さん、校閲の佐藤寛子さん、その他大勢のみなさんのお力添えなしに本書は完成しませんでした。ありがたいことです。

もちろん連載中からこのニッチなエッセイを面白がってくださった読者のみなさんの支持がなければ、こうしてまとめていただけることもなかったでしょう。いつものことで定型文みたいになっちゃって嫌なんだけど本心です。嬉しいです。おおきに。

しかし我ながら京都本をたくさん読んだもんです。連載を始める前は資料本として、あるいは娯楽としてページを捲っていたので認識していませんでしたが、あらためて京都本の出版数には驚きました。言葉にして整理しなおす作業を通して実感しました。「京都本は売れない」というジンクスを聞いたことがあるんですが想像以上にベストセラーも散見したりして不思議なジャンル。小豆相場のようなものでしょうか（嘘）。

でもなぜみんな、そんなに京都を語りたがるんだろ。自分で何冊も上梓しておきながらどの口が言うかって感じですが。基本的には愛情なんでしょうね。だからこそ、たとえそれが【美しい誤解】であっても、あまりの見当違いは気に障る。まして好きな相手を利用してやろうという輩には腹が立つ。んです。

むかし『都合のいい女』というのがありましたが京都は『都合のいい都市』であってほしくないのです。謎めいて矛盾に満ちて掴みどころのない、懸想する者を振り回すような都市でいてほしい。そういう意味で京都百読は人のラブレターを覗き見するみたいなドキドキと背徳感を伴う愉悦とも申せましょう。

快晴の真冬日。台所から昇ってくる小豆粥の匂いを聞きながら。　入江敦彦 15, 01, 2018
For dear Ian, I'm glad I could dedicate my work for you again. Well, I always think I can dedicate those that's why you can't read any Japanese thou! But, hey! xxx

な

は

ま

た

さ

書名さくいん

初出　「本の雑誌」二〇一五年八月号〜二〇一七年九月号
「聴く京都」「京都本の10冊」は書き下ろし

読む京都

二〇一八年三月十日初版第一刷発行

著　者　入江敦彦
発行人　浜本茂
印　刷　中央精版印刷株式会社
発行所　株式会社 本の雑誌社
〒101-0051
東京都千代田区神田神保町1-37 友田三和ビル
電　話　03（3295）1071
振　替　00150-3-50378

ISBN978-4-86011-412-1 C0095